Arte nuevo de hacer comedias

and

El mejor alcalde, el rey

D1565704

European Masterpieces
Cervantes & Co. Spanish Classics N° 66

Founding Editor: Tom Lathrop

General Editor: Matthew Wyszynski
                     University of Akron

LOPE DE VEGA

Arte nuevo de hacer comedias
and
El mejor alcalde, el rey

Edited and with notes by

MARK GROUNDLAND
Tennessee Technological University

Cervantes & Co.

NEWARK ✜ DELAWARE

European Masterpieces
An imprint of LinguaText, Ltd.
103 Walker Way
Newark, Delaware 19711-6119 USA
(302) 453-8695
Fax: (302) 453-8601

MANUFACTURED IN THE UNITED STATES OF AMERICA

ISBN: 978-1-58977-097-8

Acknowledgments

I would like to thank Tennessee Technological University for supporting me with a faculty research development grant that included an invaluable course reduction in fall 2011. I am always grateful to Tom Lathrop, whose advice has not only been helpful for the preparation of this edition, but has guided my academic career in general. The introduction benefitted greatly from the thoughtful suggestions of Debbie Barnard, Robert Cloutier, and Mike McGrath. I truly appreciate their collegiality and friendship. I am also indebted to my students in the *Comedia* course that I taught in fall 2011: Hannah Abbotoy, Courtney Hard, Sumika Hunter, and Hannah Keith. They were instrumental in providing important feedback on challenging vocabulary throughout Lope de Vega's texts. Finally, I would be unable to tackle a project of this magnitude without the loving support of Luisa Elena and Alex, my wife and son. They motivate me more than they can ever imagine.

Table of Contents

Introduction to Students

PURPOSE OF THIS EDITION

THIS EDITION FOR NON-NATIVE Spanish-speaking students includes two parts. The first contains Lope de Vega's treatise on how to write seventeenth-century Spanish dramas, *Arte nuevo de hacer comedias en este tiempo*. The second part provides readers with a Spanish play, *El mejor alcalde, el rey*, to illustrate Lope's authoritative recommendations. Lope was the premier Spanish playwright of his time. Duncan Moir has stated that "[a]ny serious study of his plays ought to be preceded by the study of his *Arte nuevo...*" ("The Drama of Lope" 45). Jonathan Thacker has more recently written, "The *Arte nuevo* is one of the most important and far-reaching documents on drama of the early-modern period" (*A Companion* 26). The *Arte nuevo de hacer comedias en este tiempo*, Lope's speech on how to compose a successful play for the seventeenth-century Spanish playhouse (*el corral*), is an invaluable literary artifact that should be considered when studying the Spanish *comedia*. Readers will come to appreciate the complexities of defining the term *comedia* after studying Lope's *Arte nuevo*. Generally speaking, *comedia* (or *comedia nueva*) evolved from classical comedy and tragedy. It mixes both comical and serious content within a serious, moral drama that ends well for the protagonist. The following introduction offers a brief account of Lope de Vega's life, a short background on Spanish playhouses, an overview of the socio-historical circumstances that engaged Lope to produce his *Arte nuevo*, background material on the *Arte nuevo* and *El mejor alcalde, el rey*, and finally, notes on how to understand seventeenth-century Spanish language and how to read Spanish poetry from this era. Students are encouraged to consult the bibliography at the end of the introduction for more information on specific aspects of the Spanish *comedia* and its chief architect, Lope de Vega.

LOPE DE VEGA

Felix Lope de Vega Carpio, born on November 25, 1562 in Madrid, was a brilliant child who learned Latin at the age of 5 and purportedly wrote his first play at 12. He received a Jesuit education which would have included the study of Latin grammar, composition, and rhetoric (Dixon 15). One of his Jesuit teachers may have been Vicente Espinel, a renowned intellectual who translated Horace's *Ars poetica* in 1591. Lope probably continued his education for a time at the Universidad de Alcalá de Henares where he would have been further exposed to classical drama.

Lope de Vega was a complex, multi-faceted man. Like many young men of his day, he entered military service and participated in the naval battle fought in and around the Azores islands in 1583 and may have been among the soldiers involved in the fateful defeat of the Spanish armada in 1588. Upon his return to Madrid, Lope began to write for the theater. His extraordinary ability to compose verses was much admired by several Spanish noblemen, so much so that several recruited him to be their personal secretaries. Lope was treasured as a creative poet in aristocratic circles, but the aristocracy did not consider him worthy of more official posts, such as the Royal Chronicler.

Throughout his life, Lope was admired as a genius, yet criticized for his unscrupulous behavior with young women. He was officially married twice, had notorious affairs with famous actresses and fathered over ten illegitimate children. In 1587, Lope was officially banished from Madrid for writing and circulating filthy, hurtful poems about his lover (Elena Osorio) and her family. Lope was forced to move with his newly-acquired, young wife, Isabel de Urbina, to Valencia where they lived for several years. While there, Lope participated in this city's rich theatrical environment and often attended the *tertulias*, literary discussion groups, where he had the opportunity to learn from the leading Valencian playwrights of the time. When Lope's exile was overturned in 1595, he promptly returned to the intellectual epicenter that was Madrid.

While Lope de Vega led a scandalous life, he was also a spiritual man who repented of his actions. He became a priest in 1614, and Pope Urban VIII made him a member of the Order of Saint John of Jerusalem in 1627, bestowing on him the honorary title of Doctor of Theology. This title explains the term *Frey* before his name on the title page of *El mejor alcalde, el rey*.

Lope de Vega was a critically acclaimed writer in his time, and it was not uncommon to see his portrait in Spanish homes. His name became associated with excellence in the expression, "Es de Lope," and his literary accomplishments knew no limits. A small sampling of his literary output includes a pastoral novel, *La Arcadia* (1598), an epic poem, *La Dragontea* (1598), several collections of poetry (*Rimas* [1602], *Rimas sacras* [1614], *Rimas sacras y divinas del licenciado Tomé de Burguillos* [1634]), a mock epic poem, *La gatomaquia* (1634), and a collection of short stories, *Novelas a Marcia Leonarda* (1621, 1624). Lope, though, was most highly regarded for the plays in verse form that he wrote to be staged in the Spanish playhouse. Miguel de Cervantes, the author of *Don Quijote de la Mancha* (1605, 1615), dubbed Lope "el monstruo de la naturaleza" in the prologue to his *Ocho comedias y ocho entremeses nunca representados* (1615) because of Lope's seemingly superhuman literary genius. Lope kept track of the number of his *comedias*, citing 448 in his prose romance *El peregrino en su patria* (1604) and 483 in his *Arte nuevo de hacer comedias en este tiempo* (1609). Juan Pérez de Montalbán, a personal friend and disciple of Lope, estimated that his mentor composed 1,800 *comedias* in his lifetime. In *Chronology of Lope de Vega's* Comedias, Morley and Bruerton analyze the poetic arrangement of the extant *comedias* by Lope to evaluate their authenticity and probable dates of composition. In the appendix, they list 314 authentic *comedias* and 26 "probably by Lope." These numbers do not consider those *comedias* that did not survive throughout the years. More recently, McKendrick estimates that Lope wrote approximately 800 *comedias* (72). Dixon cuts the number down to a more realistic range between 600 and 700 ("Lope Felix de Vega Carpio" 259). Dixon calculates that even this reduced estimate still meant that Lope would have composed one *comedia* a month for fifty years! (259). Lope himself boasted of writing many of his *comedias* in less than 24 hours!

LOS CORRALES

Charitable organizations called *cofradías* built the first Spanish playhouses as a means to finance hospitals for the poor. A general knowledge of and appreciation for the theatrical space wherein *comedias* were performed is essential because these plays were seen and heard in early modern Spain by a discerning public.

The first Spanish playhouse, *el Corral de las Artasanas*, was erected in Sevilla in 1574, the same year Lope claimed to have written his first play. Subsequent playhouses were built in Madrid and other major Spanish cities soon afterwards.[1] Built in the yard between houses, the *corrales* were designed to include all sectors of Spanish society in its audience, yet separated them to

---

1 *El Corral de la Cruz* (1579) and *el Corral del Príncipe* (1583) were Madrid's only playhouses for the first fifty years (Allen 3).

guard decorum.[2] Men called groundlings (*mosqueteros*) paid general admission to enter the corral and another fee to view the *comedia* on foot in front of the stage. The initial entrance fee into the playhouse went to the acting troupe; the *cofradías* received funds from the leasing of the playhouse itself. There was no roof, so when it rained, an awning was used to keep the public and actors dry. In some playhouses, a special area with bench seating between the stage and the *mosqueteros* was reserved for dignitaries who paid extra, such as literary academics. The women in the audience were seated in a special area called the *cazuela*, or "stewing pot," located on the second floor above the entranceways and opposite the stage. The clergy sat in another section called the *tertulia*. Early in the seventeenth century, the playhouses in Madrid added lateral viewing boxes on the second floor, which were privately owned and served as investments. Both men and women who belonged to the upper classes sat in these areas. The Spanish King and Queen, who used a separate passageway to enter the playhouse, sat in their own reserved box. Finally, a magistrate (*alcalde*) attended the performances with two theater constables (*alguaciles*) to ensure decency and order. The magistrate announced the beginning of the play and reminded the audience to behave during the performance, especially the *mosqueteros*.

The stage of Madrid's *Corral del Príncipe* was rectangular, approximately 6 feet high and measured 23 feet deep and 28 feet wide (Allen 39). Actors entered and exited the stage through doors, or openings in curtains, in the back that led into the tiring room (*vestuario*). Lateral graded platforms or *gradas*, located on both sides of the stage, were used as extra seating or as part of the performance whose staging included, for example, a mountain or a hill. Additionally, there were galleries above the *vestuario* that were incorporated into scenes as balconies, discovery spaces, towers, etc. Little scenery was used on the stage at first, so the audience had to listen carefully for cues to indicate location, identities of actors, etc. Visual cues, such as costumes, also helped identify the social status and age of a character, and even the time of day. Once the actors cleared the stage, leaving it empty, the audience knew a change of scene was about to occur; in addition, a change in poetic meter sometimes indicated a new scene as well. There was no curtain in front of the stage until 1640.

The performances at the Spanish playhouse took place in the afternoon

---

2   Readers may find it beneficial to see the architectural plans of the Spanish playhouses and how some scholars have used them to form conjectural models of these *corrales*. I particularly recommend the outstanding scholarship in this area by Shergold, Allen, and Ruano de la Haza whose books can be found in the selected bibliography.

and finished before dark since there was no artificial lighting. After the spectators purchased their snacks and a drink, they went to their respective areas for the show to begin. The performance generally began with music, a comical *loa* (prelude), and sometimes an initial poem followed by Act I of the *comedia*. After Act I, actors and actresses from the main play performed in short, farcical dramas called *entremeses* meant as comic relief to the much more serious, moral content of the *comedia*. Between Act II and Act III, another *entremés* or a *baile* (dance dialogue) was performed. Following Act III, more music and dancing concluded the afternoon's performances in the playhouse. Scholars estimate that the whole dramatic experience would have lasted two and a half hours. Roughly one thousand spectators enjoyed the dramatic performances during an afternoon in the playhouses of Madrid and this number grew to two thousand by the 1630s (McKendrick 183).

Spanish Society and the *Comedia*

An afternoon at the playhouse was popular entertainment in early modern Spain. Catering to all sectors of society, the dramatic performances in the *corrales* were wildly successful and profitable, yet also met with the disapproval of two principle groups, moralists and neoclassicists. The Church and other moralists made it known that they considered the *comedia* and its accompanying dramatic parts as offensive and detrimental to the Christian way of life. In chapter 48 of the first part of *Don Quijote*, Cervantes summed up the Church's unfavorable attitude toward the *comedia* in a conversation between the *cura* and the *canónigo* in which the *cura* calls them "espejos de disparates, ejemplos de necedades e imágenes de lascivia." The mere presence of actresses on the stage, for example, was a sensitive issue. The allurement of their legs when they dressed as men caused indignation from moralists and prompted decrees that banned actresses from dressing like men on stage. Furthermore, it was also decreed that actresses had to be married and could see only their husbands backstage (out of the audience's sight) during the performances. Many of the dances between acts, especially the *zarabanda*, were considered salacious and became the object of protest. Religious and political content were closely scrutinized as well. The *corrales* were closed during Lent, and performances were also suspended to mourn the passing of members of the royal family. In spite of the criticisms launched by moralists and religious officials alike, the demand for entertainment and the money generated by this enterprise were such that Spanish playhouses endured until well into the eighteenth century.

The second group that openly criticized the Spanish *comedia* was the neoclassicists, who preferred to respect and follow the classical rules (*pre-*

ceptos) of drama; namely, the division of a play into five acts, the three unities of time, place, and action, and the clear division of tragedy and comedy. Aristotle believed that tragedy should portray characters with noble characteristics and motives, whereas comedy was meant to depict lowly, ordinary characters in everyday, comical situations. Of course, the concepts of tragedy and comedy evolved throughout time, and Lope's understanding of *comedia* is quite different from the classical definition, as will be observed in his *Arte nuevo*. The classical rules of drama were easily accessible by Lope and others in different publications, such as the *prohemio* (prologue) of Bartolomé de Torres Naharro's *Propalladia* (1517, republished in Madrid in 1573) and in Alonso López Pinciano's *Philosophia antigua poética* (1596). While the neoclassicists continued to object to Lope's *comedia nueva*, they were no match for its popularity in the Spanish playhouse.

ARTE NUEVO DE HACER COMEDIAS EN ESTE TIEMPO

Lope de Vega was in his forties and the most famous Spanish playwright of his time when he gave his speech that was later published under the title *Arte nuevo de hacer comedias en este tiempo*. Written in hendecasyllabic blank verse, his dramatic treatise was first delivered at a literary gathering (*tertulia*), probably between 1604 and 1608 and perhaps at the behest of an influential nobleman. It was published for the first time in the fifth edition of *Rimas* in 1609 and it continued to appear in this book of poetry in its subsequent editions. Lope most likely gave his poetic discourse on how to compose *comedias* in front of a group of neoclassicists who, as mentioned above, were not fans of this "new" art form. The *Arte nuevo*, which consists of 389 lines, is comprised of three main subjects: a review of classical Greek and Roman drama (most of which is directly translated from Francesco Robortello's *Explicatio eorum omnium quae ad comoediae artificium pertinent* [1516]),[3] Lope's consideration of sixteenth-century Spanish dramatic influences on the *comedia nueva*, and finally, his formula for composing successful *comedias* for the seventeenth-century Spanish playhouse. Today, many scholars indicate that Lope failed to follow his own rules for composing *comedias*, especially tak-

---

3   Francesco Robortello's treatise on classical comedy was appended to his famous commentary on Aristotle's *Poetics* in 1548. In order to see the great extent to which Lope borrowed his classical knowledge from Robortello, I encourage readers to consult María José Vega Ramos, *La formación de la teoría de la comedia: Francesco Robertello* (Cáceres: Universidad de Extremadura, 1997). This outstanding monograph contains an edition of Robortello's *Explicatio* in Latin and a Spanish translation, *Explicación de todo lo que concierne al artificio de la comedia*.

ing him to task on how he often does not follow his own polymetric system. Most recently, Jonathan Thatcher engaged this critique and other criticisms of Lope's discourse, emphasizing that the *Arte nuevo* is "a practical man-of-the-theatre's guide to (and apologia for) what has shown to work in the Spanish *corral*, in front of a mixed audience, at the turn of the seventeenth century" (110). He points out that the title of this poetic discourse is *Arte nuevo*, not *El arte nuevo*, which indicates that it is not a definitive statement on the *comedia*, but rather some authoritative recommendations on how to compose a successful *comedia* for the Spanish playhouse at the beginning of the seventeenth century, "en este tiempo" (111). *Arte nuevo de hacer comedias en este tiempo*, however, is not the only source of Lope's thoughts on Spanish dramas. He has included his opinions in many letters, prologues, dedications, and even within some *comedias* themselves. His *Arte nuevo*, though, offers invaluable insight into Lope's thoughts about the Spanish *comedia* at a particular point in his career. Furthermore, Lope de Vega's influence on his peers and subsequent Spanish playwrights, such as Tirso de Molina and Pedro Calderón de la Barca, cannot be ignored. These and other poets respected Lope de Vega's poetic and dramatic genius and often followed his rules more faithfully than Lope himself. *Arte nuevo de hacer comedias en este tiempo* is an essential tool to understanding where the Spanish *comedia* came from, its representation on the early modern Spanish stage, some of its key ingredients, and its reception by different sectors of Spanish society.

EL MEJOR ALCALDE, EL REY

Lope de Vega composed *El mejor alcalde, el rey* sometime between 1620 and 1623, but it did not appear in print until the publication of *Parte XXI de las comedias de Lope* in 1635. Set in twelfth-century Galicia, it describes the love between two peasants who want to marry (Sancho and Elvira), the abuse of power of a feudal lord, Don Tello, who delays the wedding for his own selfish desire for Elvira, and the justice of King Alfonso VII, who intercedes on behalf of the Galician peasants. It blends Lope's poetic prowess with the powerful theme of honor and includes a mix of high and low characters and situations. The victimization of peasants at the hands of a brash nobleman and the intercession of a King to restore the peasants' honor resemble two other *comedias* by Lope, *Fuenteovejuna* and *Peribáñez y el comendador de Ocaña*, as well as *El alcalde de Zalamea* by Calderón de la Barca. In *El mejor alcalde, el rey*, readers will recognize many points that Lope recommends when composing a *comedia*, making it the perfect companion to *Arte nuevo de hacer comedias en este tiempo*.

HISTORICAL CONTEXT AND SOURCE

El mejor alcalde, el rey provides a seventeenth-century dramatization of the ju-
diciousness of Alfonso VII, King of Galicia (1111-1157) and King of León and
Castile (1126-1157). Alfonso VII was the son of Urraca, Queen of León and
Castile, and Count Raymond of Burgundy, a political marriage arranged by
Urraca's father Alfonso VI. When Count Raymond died in 1109, Alfonso VI
began negotiating another partnership between Urraca and Alfonso I, King
of Aragon and Navarra, in order to unify the Christian kingdoms in the midst
of the Spanish *Reconquista*. Urraca's father died before the wedding, but his
desire was fulfilled, much to the chagrin of Castile and León's political elite
and aristocracy who feared the King of Aragon's influence in their territory.
Political strife in the Christian kingdoms ensued. Urraca's second marriage
meant that Alfonso VII was no longer the heir apparent to León and Castile, much to the consternation of the noblemen and Church officials in these
regions. Alfonso VII's supporters did manage to crown him King of Galicia
in 1111, disregarding the queen's objections. Urraca and Alfonso I eventually
separated in 1114, though political unrest continued between mother and son.
Upon his mother's death, Alfonso VII became King of León and Castile.

At the end of his *comedia*, Lope reveals the source that inspired *El mejor
alcalde, el rey*. While some details in the fourth part of the *Corónica general de España* (or *Crónica de España*) differ from the *comedia*, it is easy to
note the overlying themes of power and justice. The story in the *Crónica de
España* tells how a nobleman (Don Ferrando) unjustly stripped a Galician
peasant of his land and the determination of this *labrador* to seek justice
from Alfonso VII. The King wrote a letter to the *infançón* (nobleman), de-
manding that he return the ill-gotten land to the peasant; in addition, the
King also sent a copy of his letter to the local *merino*, or appointed lawman.
The nobleman, like in the *comedia*, refused to obey the King's dictate and
threatened the life of the peasant, who returned to see the King in Toledo
to report that the royal letter was ignored. Angered at the insolence of the
infançón, the King went to Galicia with two of his men. After confirming the
peasant's report with the *merino*, the King went straight to the nobleman's
home, proceeded to chastise the insolent *infançón* in front of the village, and
forced him to return the peasant's land. The account ends with Alfonso VII
travelling throughout Galicia to impart justice where needed.

Act I

El mejor alcalde, el rey begins with the poetic expression of Sancho's love toward Elvira, comparing the peasant's beauty to that of the Galician coun-

tryside. Elvira playfully agrees to marry the young shepherd and encourages Sancho to ask her father, Nuño, for her hand in marriage. The young suitor asks him in the next scene, and Elvira's father readily consents, though he recommends that Sancho also alert their feudal lord, Don Tello, of the wedding plans to solicit his blessing and perhaps encourage him to give the newlyweds a substantial wedding gift. Pelayo, Nuño's servant and swineherd who plays the part of the *gracioso* in the play, humorously interjects with his thick rustic accent here, and provides comical counterpoints to other serious moments throughout the *comedia*. Sancho and Pelayo go to Don Tello's castle, where the feudal lord and his two servants, Celio and Julio, had just returned from a hunting expedition. Sancho humbly asks Don Tello for permission to marry Elvira. The nobleman readily consents, promises Sancho a large number of cows and sheep as a wedding gift, and even plans to attend the wedding with his sister (Feliciana) as the *padrinos*. Later, in Nuño's house, Don Tello sees Elvira for the first time and is overwhelmed by her beauty. He does not allow the priest to enter, delaying the marriage for his own selfish purposes. Later, Don Tello returns with his servants to abduct Elvira from her house.

Act II
The second act opens in Don Tello's castle, wherein Elvira is successfully defending her honor against the lecherous advances of the nobleman. Nuño and Sancho arrive and Sancho explains how "someone" kidnapped Elvira last night, turning his world upside down, and how he heard through the grapevine that it was Don Tello who had taken her against her will, though he refuses to believe it. Don Tello assures Sancho that he does not know where Elvira is and swears that he will punish those responsible for her kidnapping. The nobleman, though, is caught lying when Elvira emerges from her hiding place. Incensed, Don Tello orders his servants to beat the intruders, who are forced to flee, leaving Elvira in the clutches of the feudal lord. Nuño suggests that Sancho explain his case to the Castilian King. Having no choice, Sancho travels with Pelayo to Alfonso VII's court in León. There, the Galician peasant presents his case to the King, who in turn writes an authoritative letter commanding the feudal lord to return Elvira to her betrothed. Sancho delivers the King's official letter to Don Tello, who refuses to obey it and banishes Sancho and Pelayo from Galicia. Pelayo advises Sancho to return to León to seek the King's aid once again.

Act III
The third act opens with Sancho and Pelayo's reappearance in Alfonso VII's

court. Incensed that his authority was ignored, the King decides to visit Don Tello personally to rectify the situation and swears Sancho and Pelayo to secrecy about his plan. The scene changes to Don Tello's castle, where Nuño has received permission to see and speak with his dishonored daughter through a tower window. Celio, one of Don Tello's servants, assures the old man that his daughter has resisted the nobleman's advances so far. After Elvira assures her father that her honor is still intact, she leaves and Don Tello appears and chastises Nuño for his daughter's stubborn resistance to his advances. When Nuño excuses himself, Don Tello makes preparations to defile Elvira. The scene changes to the village, where Sancho reports that a judge with two men will arrive and that Nuño should prepare his house to receive them. After getting settled, the King advises Nuño that he would like to interview some peasants regarding the case (Elvira's kidnapping) and that no one is to tell the feudal lord of his arrival. He listens to four witnesses, with Pelayo's comical input, and decides to visit Don Tello accompanied by a priest and an executioner. The scene switches to Don Tello's castle, wherein Elvira is running from the nobleman. The King arrives and sends Celio to fetch Don Tello, saying only that it is "I" who sends for him. Don Tello, furious at the lack of respect shown for his nobility, demands to know who comes beckoning. The King replies that he is a judge (*alcalde*) from the King's court. Meanwhile, Nuño and other peasants have gathered to witness this "trial." Don Tello storms out of his castle, only to be berated by the King who explains that he has come to impart justice regarding Elvira's kidnapping. At this point, Elvira appears, disheveled, obviously raped, and gives her testimony about what has happened from the kidnapping to the present. The King orders Don Tello to marry Elvira and then sentences him to death. Hence, Elvira and Sancho will retain half of his lands and wealth in dowry. At the end of the *comedia*, Sancho indicates that the play was inspired by information found in the *Corónica de España*.

Seventeenth-Century Spanish Language and Grammar

This edition aims to preserve the texts' original language, so a brief explanation of some grammar points that might appear unconventional to the modern reader follows. These language differences mark some evolution (though not much in the grand scheme of things) in the Spanish language. Students should NOT apply seventeenth-century grammar structures when speaking or writing in Spanish today.[4]

---

4   For further explanations of seventeenth-century Spanish language, I recommend Raymond R. MacCurdy, "Grammatical Usage," *Spanish Drama of the Golden Age: Twelve Plays* (New York: Irvington, 1979) 12-13, also found online

1. Readers may think that Lope de Vega was a poor speller when reading his works in their original, seventeenth-century Spanish. Lope, remember, was a poetic genius and a fine speller; it just happens that some of the original Spanish appears different (though easily recognizable) from today's spelling. To preserve the textual flavor of Lope's *Arte nuevo* and *El mejor alcalde, el rey*, I have kept some of the original spelling intact. Some examples include:

cabeça (cabeza)   estrañas (extrañas)   imaginallas (imaginarlas)
ansí (así)   agora (ahora)   efeto (efecto)
felice (feliz)

Additionally, in *El mejor alcalde, el rey*, Pelayo, the *gracioso*, speaks with a thick rustic accent for comical effect and the spelling of many of his words is meant to mark this comical speech. In particular, he often replaces the letter "*l*" with an "*r*": *habra* (*habla*), *diabro* (*diablo*), *puebro* (*pueblo*). I have provided spelling clarifications of Pelayo's heavily accented words in the marginal notes where needed.

2. Contractions with the preposition *de* and demonstrative and personal pronouns beginning with *e-* were quite common and are easily understandable to today's reader. Some examples include: *desta, destas, deste, destos, dellos, della*.

3. The definite article *el* was sometimes used before feminine nouns beginning with an unstressed *a-*, such as *el aldea*. Elsewhere, the *–a* of the feminine indefinite article *una* was sometimes cut off before a noun beginning with *h-* or *a-*. The most common example is *un hora*.

4. Pronouns were often attached at the end of conjugated verbs in any tense:

vanse (se van)   daráte (te dará)   ocuparála (la ocupará)
huélgome (me huelgo)   engañaste (te engañas) cuéntaste (te cuentas)
tendrásla (la tendrás) olvidéme (me olvidé)   déjala (la deja)

Readers should be mindful not to confuse the preterite with this linguistic phenomenon (*engañaste*) or any of the command forms (*déjala*). To

---

on the Association for Hispanic Classical Theater's website. Please also consult the introductions of the *comedias* edited for the Cervantes & Company Spanish Classics series listed at the end of this introduction.

clarify any potential confusion, the modernized forms have been included in the margins.

5. In seventeenth-century Spain, the future tense was still sometimes formed with the auxiliary verb *haber* and the infinitive: *habemos de honrar* (*honraremos*) and *no he de ser* (*no seré*).

6. While the future subjunctive is no longer used today, it was still prevalent in seventeenth-century Spain: "Si **hablare** el Rey, imite cuanto pueda..."

7. Archaic forms of words—such as *aquesta* (*esta*) and *trujo* (*trajo*)—are clarified in the margins.

8. Finally, I have respected the capitalization of words in the original Spanish of the texts in words that would not be capitalized today. Some examples include:

Types of Drama: *Comedia, Tragedia*
Astral bodies: *Sol, Luna*
Titles of nobility and respected professions: *Caballeros, Príncipes, Rey, Cura*

VERSIFICATION

It should be quite apparent that Lope's *comedias* and his *Arte nuevo* were written in verse. People flocked to the seventeenth-century Spanish playhouses to hear his poetry and to see his dramas unfold onstage. In his *Arte nuevo*, Lope shares his system of using certain types of poems in specific situations (called *polimetría* in Spanish) during a *comedia*. The audience was quite sensitive to any shift in poetry and appreciated Lope's poetic genius. Therefore, it is important to know how to recognize these verse forms.

The first poem of *El mejor alcalde, el rey* will aid in understanding the prosody of Spanish poetry. Lope's *comedia* begins with a *décima*, a poem with ten octosyllabic verses containing the following *rima consonante*: abbaaccddc. Every verse is comprised of a required number of syllables, depending on the type of poem. In the following *décima*, each verse has eight syllables.

Nobles campos de Galicia,   (a)
que a sombras destas montañas,   (b)
que el Sil entre verdes cañas   (b)
llevar la falda codicia: (a)

dais sustento a la milicia	(a)
de flores a mil colores:	(c)
aves que cantáis amores,	(c)
fieras que andáis sin gobierno,	(d)
¿habéis visto amor más tierno	(d)
en aves, fieras y flores?	(c)

We count the syllables in the first verse in the following manner:

No / bles / cam / pos / de / Ga / li / cia, = 8 syllables

When counting syllables in a verse, it is important to be familiar with the notions of *sinéresis*, *sinalefa*, *diéresis*, and *hiato*. Diphthongs, such as "*cia*" in the word "*Galicia*" [*Ga / li / cia*], are counted as one syllable. *Sinéresis* occurs when two vowels that are normally pronounced separately within a word are considered as one syllable. "*Lealtad*," for example, would be counted as [*leal / tad*]. The second verse appears to have nine syllables, but there is a liaison, or *sinalefa*, between "*que*" and "*a*"; that is, a vowel at the end of a word combines with the vowel that begins the next word to form one syllable. The syllable count of the second verse is the following:

que a / som / bras / des / tas / mon / ta / ñas, = 8 syllables

Poets sometimes employed poetic license to divide adjoining vowels to form two separate syllables in order to comply with the syllabic number requirement of their verses. This is called *diéresis* when it happens within one word and is shown with two dots over a vowel, such as *vergüenza* [*ver / gü / en / za*]. A *hiato* occurs when the *sinalefa* (between two words) is ignored to achieve the correct syllable count. It was seldom used.

There are three types of verses to keep in mind when counting syllables, and they are determined by the placement of the accent in the last word of each verse. The first and by far the most common is the *verso llano*, examples of which are in the first poem considered above. The accents fall on the next to last syllable in each of the ten verses of this *décima*. Therefore, the syllable count stands as is. In the following conversation between Sancho and Elvira, also in *décima* form, we will see examples of the second type of verse form, *verso agudo*.

Elvira:	Sancho, estás muy atrevido.
	Dime tú, ¿qué más hicieras

> si por ventura estuvieras
> en vísperas de marido?

Sancho: Eso, ¿cuya culpa ha sido?
Elvira: Tuya, a la fe.
Sancho: ¿Mía? No,

> ya te lo dije, y te habló
> el alma, y no respondiste.

Elvira: ¿Qué más respuesta quisiste,

> que no responderte yo?

Versos agudos occur when the stress is on the last syllable of the verse, *"que no responderte yo,"* for example. When this type of stress occurs an extra syllable is added to the syllable count:

> que / no / res / pon / der / te / **yo** = 7 (+1) = 8 syllables.

I have also selected this dialogue to show that short verses often run onto the next line of another character. Such is the case between Elvira and Sancho:

Elvira: Tuya, a la fe.
Sancho: ¿Mía? No,

This exchange, another example of a *verso agudo*, counts as one verse. There are no examples of the third type of verse, *verso esdrújulo*, in *El mejor alcalde, el rey*, though several appear in Lope's *Arte nuevo* (composed in hendecasyllabic blank verse), such as

> a mi *Jerusalén* y añadí Trágica;

A *verso esdrújulo* is classified when the accent of the last, multi-syllabic word falls on the third to last syllable. When this happens, a syllable is subtracted from the syllable count. Hence the syllable count would be

> a / mi / Je / ru / sa / lén / y a / ña / dí / Trá / gi / ca = 12 (-1) =11

In addition to the syllabic count of each verse, rhyme scheme is another defining characteristic of the different types of Spanish poems. There are two types of rhyme schemes: *rima consonante* and *rima asonante*. The consonantal rhyme scheme is evident when the rhyme of the last syllables involves both consonants and vowels. The *décima* above uses *rima consonante*. Some poems, like the *décima*, contain a regularized consonantal rhyme scheme. The most common type of poem that uses *rima asonante* is the *romance*. An assonantal rhyme only contains vowels. In the following *romance* in the third act, you will see that the *rima asonante* (*e-o*) occurs at the end of the even-numbered verses:

Juana:	Los dos seáis bien venidos.
Sancho:	No sé cómo lo seremos,
	pero bien sucederá,
	Juana, si lo quiere el cielo.
Pelayo:	Si lo quiere el cielo, Juana,
	sucederá por lo menos...
	que habemos llegado a casa.
	Y pues que tienen sus piensos
	los rocines, no es razón
	que envidia tengamos dellos.

I have footnoted brief descriptions of the different types of poetic forms Lope mentions in his polymetric system later on in the edition.

El mejor alcalde, el rey is comprised of the following types of poems:

	Verse numbers	Poetic Forms
Act I		
	1-120	décimas
	121-156	redondillas
	157-232	tercetos
	233-380	redondillas
	381-524	romance (a-a)
	525-728	redondillas
	729-880	romance (e-o)
Act II		
	881-950	décimas
	951-998	redondillas
	999-1086	octavas
	1087-1126	décimas
	1127-1238	romance (e-o)
	1239-1298	quintillas

1299-1412	liras
1413-1484	redondillas
1485-1610	romance (a-o)

Act III

1611-1616	silva
1617-1768	redondillas
1769-1771	terceto
1772-1785	silva
1786-1788	terceto
1789-1948	décimas
1949-2174	romance (e-o)
2175-2302	redondillas
2303-2376	romancillo (e-a)
2377-2432	romance (e-a)

THIS EDITION

I prepared my editions of *Arte nuevo de hacer comedias* and *El mejor alcalde, el rey* working with seventeenth-century versions of each text. I used the 1613 edition of Lope's *Arte nuevo* found in its original form in Juana de José Prades' edition, and I also consulted the thorough editions of Enrique García Santo-Tomás and Juan Manuel Rozas. I used the 1635 edition of *El mejor alcalde, el rey* found online in the Biblioteca Virtual Miguel de Cervantes at http://bib.cervantesvirtual.com/servlet/SirveObras/93015928654112646848257/imao000.htm, and the authoritative editions of Teresa Ferrer, Frank P. Casa and Berislav Primorac, and José María Diez Borque. Using the 1741 *suelta* edition of *El mejor alcalde, el rey*, these editors incorporated important corrections to Lope's 1635 edition. I indicate these corrections in explanatory footnotes when necessary. The bibliographical references to these fine editions are as follows:

Rozas, Juan Manuel. *Significado y doctrina del Arte nuevo de Lope de Vega*. Madrid: Sociedad General Española de Librería, 1976.
Vega Carpio, Lope de. *El arte nuevo de hacer comedias en este tiempo*. Ed. Juana de José Prades. Madrid: Consejo Superior de Investigaciones Científicas, 1971.
———. *Arte nuevo de hacer comedias*. Ed. Enrique García Santo-Tomás. Madrid: Cátedra, 2009.
———. *El mejor alcalde, el rey*. Ed. José María Diez Borque. Madrid: Isthmo, 1974.
———. *El mejor alcalde, el rey*. Madrid, 1635. *Biblioteca Virtual Miguel de Cervantes*. Ed. Teresa Ferrer. Alicante. Web. 2002. <http://www.cervantesvirtual.com/

obra /el-mejor-alcalde-el-rey--o/>.

———. *El mejor alcalde, el rey*. Ed. Frank P. Casa y Berislav Primorac. Madrid: Cátedra, 2007.

———. *Peribáñez y el Comendador de Ocaña y El mejor alcalde, el rey*. Ed. Teresa Ferrer. Barcelona: Planeta, 1990.

I would also like to acknowledge the exemplary editions of *comedias* that I consulted from the Cervantes & Company Spanish Classics series during the process of preparing this edition. They were invaluable resources, and I wish to thank their editors. Tom Lathrop's *Don Quijote Dictionary* and Bruce Wardropper's glossary to *Teatro español del Siglo de Oro* were also helpful when considering the meanings of the sometimes tricky seventeenth-century Spanish vocabulary. Finally, I sometimes consulted John Garrett Underhill's 1936 translation *The King the Greatest Alcalde* to understand the gist of particularly challenging passages. Their bibliographical references are as follows:

Calderón de la Barca, Pedro. *El mágico prodigioso*. Ed. Michael J. McGrath. Newark, DE: Cervantes & Company Spanish Classics, 2003.

———. *La vida es sueño*. Second edition. Ed. Vincent Martin. Newark, DE: Cervantes & Company Spanish Classics, 2006.

Lathrop, Tom. Don Quijote *Dictionary*. Newark, DE: Juan de la Cuesta, 1999.

Molina, Tirso de. *El burlador de Sevilla*. Ed. R. John McCaw. Newark, DE: Cervantes & Company Spanish Classics, 2003.

Underhill, John Garrett. "The King the Greatest Alcalde." *Four plays by Lope de Vega*. New York: Charles Scribner's Sons, 1978. 103-87.

Vega Carpio, Lope de. *El caballero de Olmedo*. Ed. Edward H. Friedman. Newark, DE: Cervantes & Company Spanish Classics, 2004.

———. *Fuenteovejuna*. Ed. Matthew A. Wyszynski. Newark, DE: Cervantes & Company Spanish Classics, 2003.

Wardropper, Bruce W. "Glossary." *Teatro español del Siglo de Oro*. New York: Charles Scribner's Sons, 1970. 897-920.

Zayas y Sotomayor, María de. *La traición en la amistad*. Ed. Michael J. McGrath. Newark, DE: Cervantes & Company Spanish Classics, 2007.

Selected Bibliography

Allen, John J. *The Reconstruction of a Spanish Golden Age Playhouse: El Corral del Príncipe, 1583-1744*. Gainesville: UP of Florida, 1983.

Artigas, María del Carmen. "Erotismo en *El mejor alcalde, el rey* de Lope." *Bulletin of Hispanic Studies* 71.2 (April 1994): 185-96.

Bentley, Bernard P. E. "*El mejor alcalde, el rey* y la responsabilidad política." *Lope de Vega y los orígenes del teatro español. Actas del I Congreso Internacional sobre Lope de Vega*. Ed. Manuel Criado de Val. Madrid: EDI-6, 1981. 415-24.

Burningham, Bruce R. "Barbarians at the Gates: The Invasive Discourse of Medieval Performance in Lope's *Arte nuevo*." *Theatre Journal* 50.3 (1998): 289-302.

Canavaggio, Jean. "Introducción a la comedia española." *Un mundo abreviado: Aproximaciones al teatro áureo*. Madrid and Frankfurt: Iberoamericana and Vervuert, 2000. 103-35.

Carlson, Marvin. *Theories of the Theatre: A Historical and Critical Survey, from the Greeks to the Present*. Ithaca and London: Cornell UP, 1984.

Casado Santos, María José. "El *Arte nuevo de hacer comedias* «a través del espejo»: La comedia burlesca del Siglo de Oro." *Hispania Félix: Revista Hispano-Romana de Cultura y Civilización de los Siglos de Oro* 1 (2010): 151-68.

Chaytor, H. J. *Dramatic Theory in Spain. Extracts from Literature Before and During the Golden Age*. Cambridge: Cambridge UP, 1925.

Dietz, Donald. T. "The Non-Acting Character Type: The Priest in Lope's *El mejor alcalde, el rey*." *Hispania* 71.1 (March 1988): 14-19.

Díez-Borque, José María. "Estructura social de la comedia de Lope: a propósito de *El mejor alcalde, el rey*." *Arbor* 85 (1973): 453-66.

Dixon, Victor F. "Lope Félix de Vega Carpio." *The Cambridge History of Spanish Literature*. Ed. David T. Gies. Cambridge: Cambridge UP, 2004. 251-64.

———. "Lope's Knowledge." *A Companion to Lope de Vega*. Ed. Alexander Samson and Jonathan Thacker. Woodbridge: Tamesis, 2008. 15-28.

Epps, Preston H., ed. *The Poetics of Aristotle*. Chapel Hill: UNCP, 1970.

Friedman, Edward. "Resisting Theory: Rhetoric and Reason in Lope de Vega's *Arte Nuevo*." *Neophilogus* 75 (1991): 86-93.

Gaylord, Mary. "'Las damas no desdigan de su nombre': Decoro femenino y lenguaje en el *Arte nuevo* y *La dama boba*." *Justina: Homenaje a Justina Ruiz de Conde en su ochenta cumpleaños*. Ed. Elena Gascón-Vera and Joy Renjilian-Burgy. Erie: ALDEEU, 1992. 71-81.

Gilbert, Donald. "Playing to the Masses: Economic Rationalism in Lope de Vega's *Arte nuevo de hacer comedias en este tiempo*." *Writers on the Market. Consuming Literature in Early Seventeenth-Century Spain*. Lewisburg: Bucknell UP, 2005. 23-40.

Graves, Robert, ed. *The Comedies of Terence*. Chicago: Aldine, 1962.

Greer, Margaret R. "The Development of National Theatre." *The Cambridge History of Spanish Literature*. Ed. David T. Gies. Cambridge: Cambridge UP, 2004. 238-50.

Haverbeck O., Erwin. *Teoría del teatro español, Siglos XVI-XVII*. Chile: Editorial Universitaria, 1979.

Hayes, Francis. *Lope de Vega*. New York: Twayne, 1967.

Larson, Donald. "Rape, Redress, and Reintegration: Ritualized Social Drama in *El mejor alcalde, el rey*." *La violencia en el mundo hispánico en el Siglo de Oro*. Ed. Juan Manuel Escudero and Victoriano Roncero. Madrid: Visor, 2010. 125-36.

MacCurdy, Raymond R. "Introduction." *Spanish Drama of the Golden Age: Twelve*

Plays. New York: Irvington, 1979. 3-13.

Maestro, Jesús G. "Aristótles, Cervantes y Lope: El *Arte nuevo*. De la poética especulativa a la poética experimental." *Anuario Lope de Vega* 4 (1998): 193-208.

McGrady, Donald. "Lope de Vega's *El mejor alcalde, el rey*: Its Italian *Novella* Sources and its Influence upon Manzoni's *I promesi sposi*." *Bulletin of Hispanic Studies* 80 (1985): 604-18.

McKendrick, Melveena. *Theatre in Spain, 1490-1700*. Cambridge: Cambridge UP, 1989.

Moir, Duncan. "The Classical Tradition in Spanish Dramatic Theory and Practice in the Seventeenth Century." *Classical Drama and Its Influence*. Ed. M. J. Anderson. New York: Barnes and Noble, 1965. 193-228.

———. "The Drama of Lope de Vega." *A Literary History of Spain: The Golden Age of Drama, 1492-1700*. Ed. Edward M. Wilson and Duncan Moir. London: Ernest Benn, 1971. 43-73.

Morley, S. Griswold and Courtney Bruerton. *Cronología de las comedias de Lope de Vega*. Madrid: Gredos, 1968.

Oleza Simó, Joan. "Del primer Lope al *Arte nuevo*." *Lope de Vega: Peribáñez y el Comendador de Ocaña*. Ed. Donald McGrady. Barcelona: Crítica, 1997. I-LV.

Parker, Jack H. "Lope de Vega's *Arte nuevo de hacer comedias*: Post-Centenary Reflections." *Hispanic Studies in Honor of Nicholson B. Adams*. Ed. John E. Keller and Karl-Ludwig Selig. Chapel Hill: UNCP, 1966. 120-28.

Passage, Charles E. and James H. Mantinband, eds. *Amphitryon: The Legend and Three Plays*. Chapel Hill, UNCP, 1974.

Pedraza Jiménez, Felipe B. and Milagros Rodríguez Cáceres. "La comedia: Caracteres, evolución, entorno." *Manual de literatura española IV. Barroco: Teatro*. Navarra: Cénlit, 1981. 61-118.

Pedraza Jiménez, Felipe B. *Lope de Vega: Vida y literatura*. Valladolid: Olmedo Clásico, 2008.

Porqueras Mayo, Alberto. "El *Arte nuevo* de Lope de Vega o loa dramática a su teatro." *Hispanic Review* 53 (1985): 399-413.

Romera-Navarro, Miguel. *La preceptiva dramática de Lope de Vega y otros ensayos sobre el Fénix*. Madrid: Yunque, 1935.

Rothberg, Irving P. "Algo más sobre Plauto, Terencio y Lope." *Lope de Vega y los orígenes del teatro español. Actas del I Congreso Internacional sobre Lope de Vega*. Ed. Manuel Criado de Val. Madrid: EDI-6, 1981. 61-65.

Ruano de la Haza, José María. "Lope de Vega and the Theatre in Madrid." *A Companion to Lope de Vega*. Ed. Alexander Samson and Jonathan Thacker. Woodbridge: Tamesis, 2008. 29-50.

———. *La puesta en escena en los teatros comerciales del Siglo de Oro*. Madrid: Castalia, 2000.

Sambriân-Toma, Oana Andreia, ed. *El Siglo de Oro antes y después de El* arte nuevo." Craiova, Romania: SITECH, 2009.

Samson, Alexander and Jonathan Thacker, eds. *A Companion to Lope de Vega*. Woodbridge: Tamesis, 2008.

Sánchez Escribano, Federico and Alberto Porqueras Mayo. *Preceptiva dramática española del renacimiento y el barroco*. Madrid: Gredos, 1965.

Shergold, N. D. *A History of the Spanish Stage from Medieval Times until the End of the Seventeenth Century*. Oxford: Clarendon P, 1967.

Thacker, Jonathan. "The *Arte nuevo de hacer comedias*: Lope's Dramatic Statement." *A Companion to Lope de Vega*. Ed. Alexander Samson and Jonathan Thacker. Woodbridge: Tamesis, 2008. 109-18.

———. *A Companion to Golden Age Theatre*. Woodbridge: Tamesis, 2007.

Valbuena-Briones, Angel. "Teoría y práctica dramática en Lope y su escuela." *Calderón y la comedia nueva*. Madrid: Espasa-Calpe, 1977. 27-44.

Varey, J. E. "Kings and Judges: Lope de Vega's *El mejor alcalde, el rey*." *Themes in Drama I*. Ed. James Redmond. Cambridge: Cambridge UP, 1979. 37-58.

Vega Ramos, María José. *La formación de la teoría de la comedia: Francesco Robortello*. Cáceres: Universidad de Extremadura, 1997.

Wardropper, Bruce W. "General Introduction." *Teatro español del Siglo de Oro*. New York: Charles Scribner's Sons, 1970. 1-16.

Weiger, John. "Lope's Conservative *Arte de hacer comedias en este tiempo*." *Studies in Honor of Everett Hesse*. Ed. William McCrary, et al. Lincoln: Society of Spanish and Spanish-American Studies, 1981. 187-98.

Wright, Elizabeth R. *Pilgrimage to Patronage: Lope de Vega and the Court of Philip III, 1598-1621*. Lewisburg: Bucknell UP, 2001.

Ziomek, Henryk. "Lope de Vega and the Formation of the *Comedia*." *A History of Spanish Golden Age Drama*. Lexington: UP of Kentucky, 1984. 36-81.

Arte nuevo de hacer comedias en este tiempo

Dirigido a la Academia de Madrid[1]

Mándanme, ingenios° nobles, flor de España   intellectuals
(que en esta junta° y Academia insigne°   meeting, illustrious
en breve tiempo excederéis no sólo
a las de Italia que, envidiando a Grecia,
5   ilustró Cicerón del mismo nombre,
junto al Averno lago,[2] sino a Atenas,
adonde en su Platónico Liceo[3]
se vio tan alta° junta de Filósofos),   important
que un arte de Comedias os escriba
10   que al estilo del vulgo° se reciba.[4]   mass audience
     Fácil parece este sujeto, y fácil
fuera para cualquiera de vosotros

---

     1   Lope addresses his discourse to a group of widely-read intellectuals who would have known classical theater doctrine quite well. These types of meetings (*tertulias*) were quite common, especially in the intellectual center that was seventeenth-century Madrid.

     2   Cicero lived near lake Avernus (**Averno**) in a town called Puteolanum (now called Puzzuoli) in southern Italy.

     3   José Prades and García Santo-Tomás note that "**platónico Liceo**" should instead be "**aristotélico Liceo**." The Academia in question existed well after Plato's time.

     4   **al estilo...** *based on a "common" style.* As will be seen in his recipe for writing a successful play for the seventeenth-century Spanish playhouse, Lope is quite conscious of his audience and what makes a successful play (i.e. what is profitable). He has learned that since the general admission (paid by **el vulgo**) goes to the actors, "**es justo / hablarle en necio para darle gusto [al vulgo]**."

que ha escrito menos de ellas y más sabe
del arte de escribirlas y de todo,
15 que lo que a mí me daña en esta parte
es haberlas escrito sin el arte.

No porque yo ignorase los preceptos,°   rules
gracias a Dios, que ya, Tirón Gramático,[5]
pasé los libros que trataban desto
20 antes que hubiese visto al sol diez veces
discurrir desde el Aries a los Peces.[6]

Mas porque en fin hallé que las Comedias
estaban en España en aquel tiempo,
no como sus primeros inventores[7]
25 pensaron que en el mundo se escribieran,
mas como las trataron muchos bárbaros
que enseñaron el vulgo a sus rudezas,°   coarse behavior
y así se introdujeron de tal modo
que quien con arte[8] agora las escribe
30 muere sin fama y galardón;° que puede,   award
entre los que 'carecen de su lumbre,°   lack their knowledge
más que razón y fuerça la costumbre.

Verdad es que yo he escrito algunas veces
siguiendo el arte que conocen pocos,
35 mas luego que salir por otra parte
veo los monstruos de apariencias llenos,[9]

---

5 **Tirón Gramático** *beginning grammar student*. Lope may also be alluding to Marco Tulio Tirón, Cicero's secretary and writer of his biography, teachings, and most famous quotations.

6 **antes que…** *before turning 10 years old*. Lope employs the use of astrology to express the passage of a year, **Aries** being the first sign of the Zodiac calendar and **Pisces** being the last.

7 Lope is alluding to sixteenth-century Spanish dramatists, such as Bartolomé de Torres Naharro and Lope de Rueda.

8 **quien con arte** refers to those who follow the classical rules of drama (*preceptos*).

9 **los monstruos…** Lope seems to be criticizing the complex stage machinery (called "*tramoyas*") used in the Spanish playhouses. "**Apariencias**" refer to the discovery space on stage used for dramatic effect, especially popular in the dramatic works of Pedro Calderón de la Barca.

adonde acude° el vulgo y las mujeres   attend

que este triste ejercicio canonizan,°   celebrate

a aquel hábito bárbaro me vuelvo,

40   y, cuando he de escribir una Comedia,

encierro los preceptos con seis llaves;

saco a Terencio[10] y Plauto[11] de mi estudio,

para que no me den voces, que suele

dar gritos la verdad en libros mudos,°   silent

45   y escribo por el arte que inventaron

los que el vulgar aplauso pretendieron,[12]

porque, como las paga el vulgo, es justo

hablarle en necio[13] para darle gusto.

     Ya tiene la Comedia verdadera

50   su fin propuesto, como todo género

de Poema o *Poesis*, y éste ha sido

imitar las acciones de los hombres

y pintar de aquel siglo las costumbres.

También cualquiera imitación Poética

55   se hace de tres cosas, que son plática,°   speech

verso dulce,[14] armonía, o sea la música,

que en esto fue común con la Tragedia,

---

10   **Terencio** Publius Terentius Afer (190?-159BC) was probably born in Carthage and bought as a slave by a Roman Senator who educated him in Rome and eventually freed him. Terence's good looks and keen intellect attracted wealthy Roman patrons, particularly Scipio and his circle. They encouraged Terence to translate Greek comedies (such as those of Menander) into Latin for the Roman stage. Terence became associated with Roman classical comedy in time, following closely the dramatic unities and writing in clear and precise Latin.

11   **Plauto** Titus Maccius Plautus (251?-184BC), another playwright known for his comedy, delighted in composing plays for representation in front of a Roman audience. His plays were whimsical and his language full of word plays and double meanings. See note 36.

12   **y escribo...** *I am writing in the tradition of those who wrote for their mass audience*

13   **hablarle en necio** *to speak plainly*. Thacker interprets the phrase as "pandering to their [Lope's undiscerning mass audience's] ignorance" ("Lope's Dramatic Statement" 112).

14   Lope translates Robortello's interpretation of "number" as "**verso dulce**," referring to the internal rhythm of a verse.

sólo diferenciándola en que trata
las acciones humildes y Plebeyas,°   of the common people
60   y la Tragedia las reales y altas.
¡Mirad si hay en las nuestras pocas faltas![15]
     Acto fueron llamadas, porque imitan
las vulgares acciones y negocios.°   matters
Lope de Rueda[16] fue en España ejemplo
65   de estos preceptos, y hoy se ven impresas
sus Comedias de prosa tan vulgares,
que introduce 'mecánicos oficios°   manual professions
y el amor de una hija de un herrero;°   blacksmith
de donde se ha quedado la costumbre
70   de llamar entremeses las Comedias
antiguas, donde está en su fuerça el arte,[17]
siendo una acción y entre Plebeya gente,
porque entremés de Rey jamás se ha visto,
y aquí se ve que el arte, por bajeza
75   de estilo, vino a estar en tal desprecio,
y el Rey en la comedia para el necio.°   nitwit
     Aristóteles[18] pinta en su *Poética*,
'puesto que escuramente,° su principio:[19]   albeit unclearly
la contienda de Atenas° y Megara[20]   Athens
80   sobre cuál de ellos fue inventor primero.

---

15   This verse should be understood as "**¡Mirad si hay en las [comedias] nuestras pocas faltas!**"

16   **Lope de Rueda** was an actor, manager, and playwright who travelled with his troupe from town to town putting on plays. He wrote "*pasos*," one-act farces in prose meant to entertain.

17   Verses 69 to 71 are confusing and seem contradictory. Juana de José Prades interprets them as "**en las comedias antiguas está en su fuerza el arte**" and that the **entremeses** represented important precedents for the **comedia nueva** that followed (74).

18   **Aristóteles** Aristotle (384-322BC), student of Plato, was one of the most eclectic thinkers of the Greek philosophers. In addition to his writings on physics, music, linguistics, politics, biology, etc., he wrote a treatise called *Poetics*, considered to be the earliest-surviving work of dramatic theory. *Poetics* originally had two main parts, one on tragedy and the other on comedy, which was lost.

19   **su principio** [of classical comedy]

20   **Megara** is a city on the Northern section of the Isthmus of Corinth, Greece.

Los Megarenses dicen que Epicarmo,
aunque Atenas quisiera que Magnetes.[21]
Elio Donato[22] dice que tuvieron
principio en los antiguos sacrificios;

85   da por autor de la Tragedia a Tespis,[23]
siguiendo a Horacio que lo mismo afirma,
como de las Comedias a Aristófanes.[24]
Homero, a imitación de la Comedia,
La Odisea compuso, mas *La Ilíada*

90   de la Tragedia fue famoso ejemplo,
a cuya imitación llamé Epopeya°   epic poem
a mi *Jerusalén* y añadí Trágica;
y así a su *Infierno, Purgatorio* y *Cielo*
del célebre° Poeta Dante Alígero   famous

95   llaman comedia todos comúnmente
y el Maneti[25] en su prólogo lo siente.
     Ya todos saben que silencio tuvo,
por sospechosa, un tiempo la comedia,
y que de allí nació también la Sátira,

100 que, siendo más cruel, 'cesó más presto°   halted quickly
y 'dio licencia a° la comedia nueva.   made way for
Los coros° fueron los primeros, luego   choruses of Greek

---

21 **Epicarmo** and **Magnetes** were celebrated Greek playwrights who, according to Robortello (who is quoting Aristotle), were both considered to be the founders of Greek comedy.

22 **Elio Donato** Aelius Donatus, a Roman grammarian of the fourth century AD, was highly regarded for his editions of and commentaries on Terence and Virgil. According to José Prades, Lope probably had several of Donato's editions of Terence's comedies in his library and had them on hand when composing his *Arte nuevo* (81). García Santo-Tomás identifies *De tragoedia et comoedia* as Lope's likely reference (136n89).

23 **Tespis** was a widely acclaimed Greek poet whom many consider to have founded Greek tragedy.

24 **Aristófanes** Aristophanes (446?-386BC) was a Greek dramatist whose plays characterized the "Old Comedy" of Greek antiquity.

25 There is some confusion as to whom this Italian scholar of Dante Lope was referring. Juana de José Prades believes he was probably Gianozzo Manetti (1396-1454), whereas Enrique García Santo-Tomás thinks it more likely he was Antonio di Tucci Manetti (1423-1497).

de las figuras se introdujo el número;   *drama*

pero Menandro,[26] a quien siguió a Terencio,

105 por enfadosos despreció los coros.

Terencio 'fue más visto en° los preceptos,   *followed more closely*

pues que jamás alçó° el estilo Cómico   *raised*

a la grandeza Trágica, que tantos

reprehendieron° por vicioso en Plauto,   *criticized*

110 porque en esto Terencio fue más cauto.°   *cautious*

     Por argumento° la Tragedia tiene   *story line*

la historia,° y la Comedia el fingimiento;°   *factual narration, fiction*

por eso fue llamada Planipedia°   *flat-footed*

del argumento humilde, pues la hacía

115 sin Coturno[27] y Teatro el recitante.

Hubo Comedias Palïatas, Mimos,

Togatas, Atelanas, Tabernarias,[28]

que también eran como agora varias.

     Con Ática° elegancia los de Atenas   *pertaining to Athens*

120 reprehendían vicios y costumbres

con las Comedias, y a los dos autores

del verso y de la acción daban sus premios.

Por eso Tulio[29] las llamaba "Espejo

---

26   **Menandro** Menander (342?-291BC), a Greek dramatist who wrote over 100 comedies, characterized the "New Comedy" of Greek antiquity. In his comedies, he keenly portrayed everyday life and the emotions of his characters. Both Plautus and Terence translated his plays for the Roman stage.

27   In his edition of the *Arte nuevo*, García Santo-Tomás explains that "**coturno**" was a type of shoe with a thick sole of cork used by actors of classical tragedy to heighten themselves on stage. By extension, the expression "*calzar un coturno*" meant to express oneself loftily (137n115).

28   These were all types of classical drama. **Paliatas** referred to the Roman adaptations of Greek comedies (the most common being those of Plautus and Terence). **Mimos** were short scenes that depicted everyday life. **Togatas** were Roman comedies set in small Italian towns. Its name comes from the typical Roman garb, togas. **Atelanas** were also Roman comedies, characterized by vulgar depictions of customs. Its name stems from the Italian town, Atella. **Tabernarias** were derived from **togatas** and portrayed common characters.

29   **Tulio** Marcus Tullius Cicero (106-43BC), a Roman philosopher and statesman, was instrumental in disseminating Greek philosophy to the Romans. The following

de las costumbres y una viva imagen
de la Verdad," altísimo atributo
en que corren parejas con la historia.
¡Mirad si es digna de corona y gloria!
    Pero ya me parece estáis diciendo
que es traducir los libros y cansaros
pintaros esta 'máquina confusa.°   classical drama
Creed que ha sido fuerça que 'os trujese
a la memoria° algunas cosas de éstas,   to remind you
porque veáis que me pedís que escriba
arte de hacer Comedias en España,
donde cuanto se escribe es contra el arte,[30]
y que decir cómo serán agora
contra el antiguo y qué en razón se funda
es pedir parecer° a mi experiencia,   opinion
no al arte, porque el arte verdad dice,
que el ignorante vulgo contradice.
    Si pedís arte, yo 'os suplico,° ingenios,   I beg of you
que leáis al Doctísimo Utinense
Robortello[31] y veréis sobre Aristóteles,
y aparte en lo que escribe de Comedia,
cuanto por muchos libros hay difuso,
que todo lo de agora está confuso.
    Si pedís parecer de las que agora
están en posesión y que es forçoso
que el vulgo con sus leyes establezca
la vil Chimera[32] de este monstruo Cómico,
diré el que tengo, y perdonad, pues debo

---

classic definition of comedy is attributed to Cicero: "*imitatio vitae, speculum consuetudinis, imago veritatis*" or "imitation of life, mirror of custom, image of truth."

   30 **donde cuanto...** *wherein everything that is written is against the rules of classical drama*

   31 **Doctísimo Utinense Robortello** *the learned Robortello from Udine*, refers to Francesco Robortello (1516-1567), an Italian professor and scholar of classical literature who wrote *Explicatio eorum omnium quae ad comoediae artificium pertinent*.

   32 The Chimaera (**Chimera**) was a fire-breathing, mythological monster with the head of a lion, the body of a goat, and the tail of a serpent.

obedecer a quien mandarme puede,
que, 'dorando el error del vulgo,[33] quiero
deciros de qué modo las querría,
155 ya que seguir el arte no hay remedio,
en estos dos extremos[34] 'dando un medio.°   offering a compromise

Elíjase el sujeto y no se mire
(perdonen los preceptos) si es de Reyes,
aunque por esto entiendo que el prudente
160 Filipo,[35] Rey de España y señor nuestro,
en viendo un Rey en ellas se enfadaba,°   got upset
o fuese el ver que al arte contradice
o que la autoridad real no debe
'andar fingida° entre la humilde plebe.   to appear
165 Esto es volver a la Comedia antigua
donde vemos que Plauto puso Dioses,
como en su *Anfitrïón* lo muestra Júpiter.[36]

---

33 **dorando...** *covering its* (the comedia nueva's) *defects*

34 **dos extremos**, namely, the rigid rules of classical theater and the perceived coarse tastes of Lope's audience

35 **Filipo** Philip II, King of Spain from 1556 to 1598, was known as "Philip the Prudent" for his bureaucratic nature while ruling Spain and its empire.

36 In his *Amphitruo*, Plautus employed the technique of doubling, probably with the use of masks. The play begins with Amphitryon away at war, leaving his beautiful wife alone at home. Taken by her beauty, Jupiter takes the form of Amphitryon to have his way with Alcmena. The Roman king of gods also commands Mercury to transform into Amphitryon's slave, Sosia, to stand guard. Lope's choice of *Amphitruo* as an example of a classical comedy is particularly relevant. In its prologue, the god Mercury speaks to the Roman audience in the following playful manner:

Now for the favor that I've come to ask you for,
and then I'll tell you about our tragedy.
—What's wrong? Why do you frown? Because I said the play
would be a tragedy? But I'm a god—I'll change it:
I'll change the play from tragedy to comedy,
if that's what you want, without a single change of lines!
Well, yes or no? Would you like that? What a dunce I am!
As if I didn't know what you want—and me a god!
I understand exactly what you have in mind:
I'll scramble them and make it a tragicomedy.
It wouldn't do to make it only comedy,

Sabe Dios que me pesa de aprobarlo,
porque Plutarco,[37] hablando de Menandro,
no siente bien de la Comedia antigua;
mas pues del arte vamos tan remotos
y en España le hacemos mil agravios,
cierren los Doctos esta vez los labios.

    Lo Trágico y lo Cómico mezclado,
y Terencio con Séneca, aunque sea
como otro Minotauro de Pasife,[38]
harán grave° una parte, otra ridícula,   *serious*
que aquesta variedad deleita mucho;
buen ejemplo nos da la naturaleza,
que por tal variedad tiene belleza.

    Adviértase° que sólo este sujeto   *be advised*
tenga una acción,° mirando que la fábula   *main plot*
de ninguna manera sea Episódica,
quiero decir inserta de otras cosas
que del primero intento se desvíen,°   *distract from*
ni que de ella se pueda quitar miembro
que del contexto no derribe el todo.

    No hay que advertir que pase en el Período
de un Sol, aunque es consejo de Aristóteles,
porque ya le perdimos el respeto
cuando mezclamos la sentencia Trágica
a la humildad de la bajeza Cómica.
Pase en el menos tiempo que ser pueda,
si no es cuando el Poeta escriba historia

---

not with gods and kings parading on the stage.
What do you think? But wait—it has a slave part too.
I'll make it what I said, a tragicomedy.

    James H. Mantinband, transl, "Amphitruo: A Tragicomedy by Titus Maccius Plautus," *Amphitryon: Three Plays in New Verse Translations* (Chapel Hill: UNCP, 1974) 42.

    37 **Plutarco** Plutarch (46?-120AD) was a Greek historian and philosopher.

    38 The Minotaur (**Minotauro**), was the offspring of Pasiphae and the Cretan bull. This mythological creature, with the body of a man and the head of a bull, lived in the Labyrinth built by Daedalus and was killed by Theseus.

195   en que hayan de pasar algunos años,
       que éstos podrá poner en las distancias
       de los dos actos, o, si fuere fuerça,
       'hacer algún camino° una figura,   to take a trip
       cosa que tanto ofende a quien lo entiende,
200   pero no vaya a verlas quien se ofende.
       ¡Oh, cuántos de este tiempo 'se hacen cruces
       de ver° que han de pasar años en cosa   refuse to see
       que un día artificial tuvo de término,
       que aun no quisieron darle el Matemático!³⁹
205   Porque considerando que la cólera°   anger
       de un Español sentado no se templa°   is not appeased
       si no le representan en dos horas⁴⁰
       hasta el final juïcio desde el *Génesis*,⁴¹
       yo hallo que, si allí se ha de dar gusto,
210   con lo que se consigue es lo más justo.
            El sujeto elegido, escriba en prosa⁴²
       y en tres actos de tiempo le reparta,°   distribute
       procurando, si puede, en cada uno
       no interrumpir el término del día.
215   El Capitán Virués,⁴³ insigne ingenio,
       puso en tres actos la Comedia, que antes
       andaba en cuatro, como pies de niño,
       que eran entonces niñas las Comedias;
       y yo las escribí de once y doce años

---

39   Lope is criticizing those sensitive neo-classicists who calculate the hours in the day to determine whether or not the *comedia nueva*'s action could feasibly take place.

40   The seventeenth-century Spanish *comedia* lasted between two and three hours and finished before nightfall.

41   **hasta el...** *from the first chapter of the Bible (*Genesis*) to Judgement day*. Lope exaggerates a long period of time in biblical terms.

42   Lope suggests that the poet-playwright should write a first draft in prose.

43   Lope had met and developed a friendship with Cristobal de Virués (1550-1614) while in exile in Valencia. Influenced by Seneca, Virués wrote primarily tragedies. Lope calls him **Capitán Virués** for his participation in the Battle of Lepanto. The Valencian, though, was not the first to compose plays in three acts.

220 de a cuatro actos y de a cuatro pliegos,⁴⁴
porque cada acto un pliego contenía,
y era que entonces en las tres distancias⁴⁵
se hacían tres pequeños entremeses⁴⁶
y agora apenas uno y luego un baile,
225 aunque el baile lo es tanto en la Comedia
que le aprueba Aristóteles y tratan
Ateneo, Platón y Jenofonte,⁴⁷
puesto que reprehende el deshonesto,
y por esto se enfada de Calípides,⁴⁸
230 con que parece imita el coro antiguo[.]
Dividido en dos partes el asunto,°   story line
ponga la conexión desde el principio
hasta que vaya declinando el paso,
pero la solución no la permita
235 hasta que llegue a la 'postrera scena,°   last scene
porque, en sabiendo el vulgo el fin que tiene,
vuelve el rostro a la puerta y las espaldas
al que esperó tres horas cara a cara,
que no hay más que saber que en lo que para.
240   Quede muy pocas veces el teatro
sin persona que hable, porque el vulgo
en aquellas distancias se inquïeta°   becomes anxious
y gran rato la fábula se alarga,
que, fuera de ser esto un grande vicio,
245 aumenta mayor gracia y artificio.
    Comience, pues, y con lenguaje casto°   natural

---

44 A **pliego** was a large piece of paper often folded in order to maximize writing space. García Santo-Tomás notes that a **pliego** was like a notebook with four sections and that the poet could write on both sides (143n220).

45 **tres distancias…** intervals between the three acts

46 **entremeses** interludes were brief farces meant for comical relief and staged between the acts of a serious *comedia*.

47 **Ateneo**, **Platón** (Plato) and **Jenofonte** were all scholars from Greek antiquity. Lope is again directly citing from Robortello.

48 **Calípides** was a famous Greek actor, renowned for his roles in Greek tragedies.

no gaste pensamientos ni conceptos[49]
en las cosas domésticas, que sólo
ha de imitar de dos o tres la plática;°   conversation
250   mas cuando la persona que introduce
persüade, aconseja o disüade,°   discourages
allí ha de haber sentencias° y conceptos,   maxims
porque se ha de imitar la verdad sin duda,
pues habla un hombre en diferente estilo
255   del que tiene vulgar cuando aconseja,
persüade o aparta alguna cosa.
Dionos ejemplo Arístides[50] retórico,
porque quiere que el Cómico lenguaje
sea puro, claro, fácil, y aun añade
260   que se tome del uso de la gente,
haciendo diferencia al que es Político,
porque serán entonces las dicciones
espléndidas, sonoras y adornadas.
No traya° la escritura[51] ni el lenguaje   **traiga**: Don't cite
265   ofenda con 'vocablos exquisitos,°   complicated vocabulary
porque, si ha de imitar a los que hablan,
no ha de ser por Pancayas,[52] por Metauros,[53]
Hipogrifos,[54] Semones[55] y Centauros.[56]

    Si hablare el Rey, imite cuanto pueda
270   la 'gravedad real;° si el viejo hablare,   royal tone

---

49 **Conceptos** refer to the elevated poetic language and imagery of the seventeenth-century Spanish poets, most notably Luis de Góngora and Francisco de Quevedo. Lope is stressing that his characters should speak according to their stations in life.

50 **Arístides** Helio Aristides (129?-189AD) was a Greek statesman who published over fifty political discourses.

51 **la Escritura** [Sagrada] *the Bible*

52 **Pancaya** is a mythological island.

53 **Metauro** is an Italian river made famous by being the scene of the Roman victory over the Carthaginians.

54 A hippogriff (**hipogrifo**) is a mythological monster whose body is half griffin and half horse.

55 **Semones** refer to Roman half-gods.

56 Centaurs (**centauros**) were mythological creatures, half-horse and half-man.

procure una modestia sentenciosa;
describa los amantes con afectos°   emotions
que muevan con extremo a quien escucha;
los soliloquios° pinte de manera   monologues
275 que se transforme todo el recitante
y, 'con mudarse a sí,° mude al oyente;   becoming moved
pregúntese y respóndase a sí mismo,
y, si formare quejas, siempre guarde
el divino decoro a las mujeres.
280 Las damas no desdigan de su nombre,⁵⁷
y, si mudaren traje,⁵⁸ sea de modo
que pueda perdonarse, porque suele
el disfraz varonil agradar mucho.
Guárdese de imposibles, porque es máxima°   maxim
285 que sólo ha de imitar lo verosímil;°   credible
el lacayo° no trate 'cosas altas°   lackey, lofty topics
ni diga los conceptos que hemos visto
en algunas comedias extranjeras,
y de ninguna suerte la figura
290 se contradiga en lo que tiene dicho,
quiero decir, se olvide como en Sófocles
se reprehende no acordarse Edipo
del haber muerto por su mano a Layo.⁵⁹
'Remátense las scenas° con sentencia,   end the scenes
295 con donaire, con versos elegantes,
'de suerte que,° al entrarse el que recita,   such that
no deje con disgusto el auditorio.
En el acto primero 'ponga el caso,°   establish the dilemma
en el segundo 'enlace los sucesos,°   develop the intrigue
300 de suerte que hasta el medio del tercero

---

57 **no desdigan...** *should live up to their name.* In other words, they should act like ladies.

58 **si mudaren...** *if they should change clothes*

59 Sophocles (497?-406?BC) was a Greek dramatist, most famous for his tragedy, *Oedipus Rex.* In it, Oedipus mistakenly kills his father, Laius, and marries his mother, Jocasta, thus fulfilling the prophecy of the Delphi Oracle.

apenas juzgue nadie en lo que para;
engañe siempre el gusto y, donde vea
que 'se deja entender alguna cosa,°   something becomes
dé muy lejos de aquello que promete.   clear

305 Acomode° los versos con prudencia   arrange
a los sujetos de que va tratando;
las décimas⁶⁰ son buenas para quejas,°   lover's complaints
el soneto⁶¹ está bien en 'los que aguardan,°   those in waiting
las relaciones° piden los romances⁶²   factual narrations

310 aunque en otavas⁶³ lucen por extremo,
son los tercetos⁶⁴ para 'cosas graves,°   serious topics
y para las de amor las redondillas;⁶⁵
las 'figuras retóricas° importan,   rhetorical devices
como repetición o Anadiplosis,⁶⁶

315 y en el principio de los mismos versos
aquellas relaciones de la Anáfora,⁶⁷
las ironías y adubitaciones,°   doubts
apóstrofes⁶⁸ también y exclamaciones.

---

60 **Décimas** are comprised of ten octosyllabic verses with a consonantal rhyme. See introduction.

61 **Sonetos** contain fourteen hendecasyllabic verses (2 *cuartetos* and 2 *tercetos*) with a consonantal rhyme scheme.

62 Octosyllabic verses of varying lengths and an assonantal rhyme scheme characterize the **romances.**

63 **Octavas** contain eight hendecasyllabic verses with a consonantal rhyme scheme.

64 **Tercetos** are comprised of three hendecasyllabic verses with a consonantal rhyme scheme.

65 **Redondillas** contain octosyllabic quatrains (4 verses) with consonantal rhyme.

66 **Anadiplosis** is when a word at the end of a clause is repeated in the next. Juana de José Prades identifies the probable source for Lope's knowledge of classical rhetoric, his friend Ximénez Patón. She cites an example of anadiplosis from Ximénez Patón's *Elocuencia española en arte* (1604), using Lope's own verses from *Angélica*:

"Hacerle guerra al sol, si al sol le ofende,
del olvido de amor, amor nacía,
que también tiene amor Philosohía." (206)

67 **Anáfora**, another rhetorical device, also uses repetition at the beginning of verses for effect.

68 **Apóstrofes** are asides or digressions made about a person, topic, or object that was not a logical part of the actor's original discourse.

El engañar° con la verdad es cosa   deception
320 que ha parecido bien, como lo usaba
en todas sus Comedias Miguel Sánchez,[69]
digno por la invención de esta memoria.
Siempre 'el hablar equívoco° ha tenido   deceptive speech
y aquella incertidumbre anfibológica[70]
325 gran lugar en el vulgo, porque piensa
que él solo entiende lo que el otro dice.
Los casos de la honra son mejores,
porque mueven con fuerça a toda gente;
con ellos las acciones virtüosas,
330 que la virtud es dondequiera amada,
pues vemos que si acaso un recitante
hace un traidor, es tan odioso a todos
que lo que va a comprar no se lo venden,
y huye el vulgo dél cuando le encuentra;
335 y si es leal, le prestan y convidan,°   invite out
y hasta los principales le honran y aman,
le buscan, le regalan y le aclaman.
Tenga cada acto cuatro pliegos solos,
que doce están medidos con el tiempo
340 y la paciencia del que está escuchando;
en la parte satírica no sea
claro ni descubierto,° pues que sabe   revealing
que por ley se vedaron° las Comedias   were prohibited
por esta causa en Grecia y en Italia;
345 pique° sin odio, que si acaso infama,   arouse or needle
ni espere aplauso ni pretenda fama.
Estos podéis tener por Aforismos°   aphorisms
los que del arte no tratáis antiguo,
que no da más lugar agora el tiempo,

---

69 Though only two of his *comedias* have survived to today, Miguel Sánchez was a celebrated poet-dramatist in his day.

70 **incertidumbre anfibológica** refers to the uncertainty or confusion caused by the complex word play that Lope's audience enjoyed so much, such as words or phrases with double meanings.

350 pues lo que les compete a los tres géneros
del aparato que Vitrubio[71] dice,
toca el autor, como Valerio Máximo,[72]
Pedro Crinito,[73] Horacio[74] en sus *Epístolas*
y otros los pintan, con los lienços[75] y árboles,
355 cabañas, casas y fingidos mármoles.
Los trajes nos dijera Julio Pólux,[76]
si fuera necesario, que, en España,
es de las cosas bárbaras que tiene
la comedia presente recibidas:
360 sacar un Turco un cuello de cristiano
y 'calças atacadas° un Romano.   tight pants
    Mas ninguno de todos llamar puedo
más bárbaro que yo, pues contra el arte
me atrevo a dar preceptos y me dejo
365 llevar de 'la vulgar corriente,° adonde   popular trend
me llamen ignorante Italia y Francia;
pero, ¡qué puedo hacer si tengo escritas,
con una que he acabado esta semana,
cuatrocientas y ochenta y tres comedias!
370 Porque fuera de seis, las demás todas
pecaron contra el arte gravemente.
Sustento,° en fin, lo que escribí y conozco   I stand by

---

71 Marcus Vitruvius Pollio, a Roman architect from the first century, was most famous for his *De Architectura*. In it, he included valuable insights about and descriptions of the Roman stage. "[L]os tres géneros / del aparato" refer to the three types of Roman stage scenery: tragic, satiric, and comic.

72 Valerius Maximus, a Roman historian from the first century, wrote *Factorum et dictorum memorabilium*, a book that aimed to teach Roman virtues and morals.

73 Pietro Riccio, born in Florence around 1465, was a professor of Latin who wrote *De honesta disciplina*.

74 **Horacio** Quintus Horatius Flaccus (65-8BC) was a celebrated poet during the reign of the Roman Emperor, Augustus. His *Epistles* were published in two volumes (20, 14BC).

75 **Lienzos** were painted canvases located at the back of the stage to provide scenery.

76 Julio Pollux (135-188AD) was a philosopher and grammarian who wrote *Onomástico*, a 10-volume encyclopedic series that included a large section on theater. Lope takes all of these references directly from Robortello.

que, aunque fueran mejor de otra manera,
no tuvieran el gusto que han tenido
375   porque a veces lo que es contra lo justo
por la misma razón deleita el gusto.
Humanae cur sit speculum comoedia vitae,
    quaeve ferat juveni commoda quaeve seni,
quid praeter lepidosque sales, excultaque verba
380   *et genus eloquii purius inde petas,*
quae gravia in mediis occurrant lusibus et quae
    jucundis passim seria mixta jocis,
quam sint fallaces servi, quam improba semper
    fraudeque et omnigenis foemina plena dolis,
385   *quam miser, infelix, stultus et ineptus amator,*
    quam vix succedant quae bene coepta putes.[77]
Oye atento, y del arte no disputes,
que en la Comedia se hallará modo
que, oyéndola, se pueda saber todo.

---

77 The following Spanish translation appears in *Preceptiva dramática española*:
    Por qué es espejo de la vida humana
       la comedia; qué bienes acarrea
    al joven o al anciano; qué otra cosa
       además de la gracia de sus sales,
    de sus cultas palabras y su limpia
       elocuencia traer puede—preguntas;
    en medio de sus chanzas qué cuestiones
       serias propone o entre alegres bromas
    qué asuntos trascendentes va mezclando;
       qué falsos los criados; qué perversa
    la mujer y cuán llena de continuo
       de engaños y falacias sin medida;
    qué infeliz, miserable, necio y simple
       el amante, y de qué distinto modo
    acaba lo que tuvo buen principio. (López de Toro 136)

FAMOSA COMEDIA
El mejor alcalde, el rey

Personas que hablan en ella:

SANCHO	LEONOR
DON TELLO	EL REY DE LEÓN
CELIO	EL CONDE DON PEDRO
JULIO	ENRIQUE
NUÑO	BRITO
ELVIRA	FILENO
FELICIANA	PELAYO
JUANA	

DE FREY[1] LOPE DE VEGA CARPIO

Acto Primero

Sale Sancho.[2]

SANCHO 　Nobles campos de Galicia,
que a sombras destas montañas,
que el Sil[3] entre verdes cañas°　　　　　reeds
llevar la falda codicia:
5　　dais sustento a la milicia

1　Lope received an honorary degree in Theology from Pope Urban VIII in 1627, thus permitting him to use the honorary title of **Frey**.

2　Sancho leaves the tiring room (**vestuario**) at the back of the stage to enter the scene.

3　The Sil is a long river in León and Galicia.

47

de flores a mil colores:
aves que cantáis amores,
fieras° que andáis sin gobierno,   wild beasts
¿habéis visto amor más tierno
10   en aves, fieras y flores?
       Mas como no podéis ver
otra cosa en cuanto mira
el Sol, más bella que Elvira,
ni otra cosa puede haber;
15   porque habiendo de nacer
de su hermosura, en rigor,°   strictly speaking
mi amor, que de su favor
tan alta gloria procura,
no habiendo más hermosura,
20   no puede haber más amor.
       Ojalá, dulce señora,
que tu hermosura pudiera
crecer porque en mí creciera
el amor que tengo agora:
25   pero, hermosa labradora,°   peasant
si en ti no puede crecer
la hermosura, ni el querer
en mí, cuanto eres hermosa
te quiero, porque no hay cosa
30   que más pueda encarecer.°   to beseech
       Ayer las blancas arenas°   sands
deste arroyuelo° volviste   small stream
perlas,⁴ cuando en él pusiste
tus pies, tus dos azucenas;°   lilies
35   y porque verlas apenas
pude, porque nunca para,
le dije al Sol de tu cara,
con que tanta luz le das,

---

4 **volviste perlas...** *you turned into pearls*

que mirase el agua más,
40   porque se viese más clara.

    Lavaste, Elvira, unos paños,°   handkerchiefs
que nunca blancos volvías;
que las manos que ponías
causaban estos engaños.°   deceptions
45   Yo, detrás destos castaños⁵
te miraba, con temor,
y vi que amor, por favor,
te daba a lavar su venda:°   blindfold
el cielo, el mundo defienda,
50   que anda sin venda el amor.⁶

    ¡Ay Dios!, ¿cuándo será el día
(que me tengo de morir)
que te pueda yo decir?:
¡Elvira, toda eres mía!
55   ¡Qué regalos te daría!
Porque yo no soy tan necio°   foolish
que no te tuviese en precio,
siempre con más afición;
que en tan rica posesión
60   no puede caber desprecio.

Sale Elvira.

ELVIRA   Por aquí Sancho bajaba,
o me ha burlado el deseo.
'A la fe° que allí le veo,   it's true
que el alma me le mostraba.
65   El arroyuelo miraba
adonde ayer me miró:

---

   5 **Castaños** literally means *chestnut trees*, but the word could also mean that Sancho
is looking at Elvira through his **ojos de color castaño** (brown eyes).
   6 Lope alludes to Cupid, the god of love.

¿si piensa que allí quedó
alguna sombra de mí?
Que me enojé cuando vi
70   que entre las aguas me vio.

    ¿Qué buscas por los cristales
destos libres arroyuelos,
Sancho, que guarden los cielos,
cada vez que al campo sales?
75   ¿Has hallado unos corales°   coral bracelet
que en esta margen perdí?

SANCHO   Hallarme quisiera a mí,
que me perdí desde ayer;
pero ya me vengo a ver,
80   pues me vengo a hallar en ti.

ELVIRA   Pienso que ayudarme vienes
ver si los puede hallar.

SANCHO   ¡Bueno es venir a buscar
lo que en las mejillas° tienes!   cheeks
85   ¿Son achaques° o desdenes?°   modesty, disdain
¡Albricias,° ya los hallé!   good news

ELVIRA   ¿Dónde?

SANCHO   En tu boca, a la he,[7]
y con estremos de plata.

ELVIRA   Desvíate.°   get away from

SANCHO   ¡Siempre ingrata   me
90   a la lealtad de mi fe!

ELVIRA   Sancho, estás muy atrevido.°   bold
Dime tú: ¿qué más hicieras
si 'por ventura° estuvieras   perchance
en vísperas° de marido?   eve

95   SANCHO   Eso, ¿cuya culpa ha sido?

ELVIRA   Tuya, a la fe.

---

    7 **a la fe.** In the midst of his poetic expression of love, Sancho pronounces some
words in a manner that reveals his social status as a peasant. This type of rustic speech will
be much more evident in Pelayo.

SANCHO	¿Mía? No,
	ya te lo dije, y te habló
	el alma, y no respondiste.
ELVIRA	¿Qué más respuesta quisiste,
	que no responderte yo?
SANCHO	Los dos culpados estamos.
ELVIRA	Sancho, pues tan cuerdo° eres,

sensible

advierte, que las mujeres
hablamos cuando callamos,
concedemos si negamos;
por esto, y por lo que ves,
nunca crédito nos des,
ni crueles ni amorosas,
porque todas nuestras cosas
se han de entender 'al revés.°

backwards

SANCHO   Según eso, das licencia°

permission

que a Nuño te pida[8] aquí.
¿Callas? Luego dices sí.
Basta; ya entiendo la ciencia.
ELVIRA   Sí, pero ten advertencia
que no digas que yo quiero.
SANCHO   Él viene.
ELVIRA   El suceso espero
detrás de aquel olmo.°

elm tree

SANCHO   ¡Ay, Dios,
Si nos juntase a los dos,
porque si no, yo me muero!

Escóndese Elvira y salen Nuño y Pelayo.

NUÑO   Tú sirves de tal manera,
que será mejor buscar,
Pelayo, quien sepa andar

---

8 **a Nuño…** *I may ask Nuño* (Elvira's father) *for your hand in marriage*

	más despierto en la ribera.°	river bank
125	¿Tienes algún descontento	
	en mi casa?	
PELAYO	Dios lo sabe.	
NUÑO	Pues hoy tu servicio acabe;	
	que el servir no es casamiento.	
PELAYO	Antes° lo debe de ser.	to the contrary
130 NUÑO	Los puercos° traes perdidos.	pigs
PELAYO	Donde lo están los sentidos,	
	¿qué otra cosa puede haber?	
	Escúchame: yo quijera⁹	
	emparentarme...¹⁰	
NUÑO	Prosigue°	keep going
135	de suerte que no me obligue	
	tu ignorancia...	
PELAYO	Un poco espera;	
	que no es fácil de decir.	
NUÑO	De esa manera, de hacer	
	será difícil.	
PELAYO	Ayer	
140	me dijo Elvira al salir:	
	"a fe, Pelayo, que están	
	gordos los puercos."	
NUÑO	Pues bien,	
	¿qué la respondistes?	
PELAYO	Amén,	
	como dice el Sacristán.°	Sexton
145 NUÑO	Pues, ¿qué se saca de ahí?	
PELAYO	¿No lo entiende?	
NUÑO	¿Cómo puedo?	
PELAYO	Estó° por perder el miedo.	**estoy**
SANCHO	¡Oh, si se fuese [de] aquí!	
PELAYO	¿No ve que es resquiebro,° y muestra	flattery

---

9 **quisiera**. Pelayo's speech and pronunciation are exaggerated for comic effect.

10 **emparentarme** *become related by marriage*

	querer casarse conmigo?	
NUÑO	¡Vive Dios!	
PELAYO	No te lo digo,	
	ya que fue ventura nuestra,	
	para que 'tomes collera.°	become angry
NUÑO	Sancho, ¿tú estabas aquí?	
SANCHO	Y quisiera hablarte.	
NUÑO	Di.	
	Pelayo, un instante te espera.	
SANCHO	Nuño, mis padres fueron como sabes,	
	y supuesto que pobres labradores,	
	de honrado estilo y de costumbres graves.	
PELAYO	Sancho, vos que sabéis cosas de amores,	
	decir una mujer hermosa y rica	
	a un hombre que es galán como unas frores:°	flores
	"gordos están los puercos," ¿no inifica°	significa
	que se quiere casar con aquel hombre?	
SANCHO	¡Bien al requiebro al casamiento aplica!	
NUÑO	¡Bestia, vete de aquí!	
SANCHO	Pues ya su nombre	
	supiste y su nobleza, no presumo	
	que tan honesto amor la tuya asombre:	
	por Elvira me abrazo, y me consumo.	
PELAYO	Hay hombre que el ganado 'trai tan fraco,°	trae tan flaco
	que parece tasajo° puesto al humo.	dried meat
	Yo cuando el campo los cochinos saco...	
NUÑO	¿Aquí te estás, villano? ¡Vive el cielo!...	
PELAYO	¿Habro° de Elvira yo, son del varraco?¹¹	hablo
SANCHO	Sabido, pues, señor, mi justo celo...	
PELAYO	Sabido, pues, señor, que me resquiebra...	
NUÑO	¿Tiene mayor salvaje el Indio suelo?	
SANCHO	El matrimonio de los dos celebra.	
PELAYO	Cochino traigo yo por esa orilla...	

---

11 **sino del verraco** (verraco = *pig*)

180	NUÑO	Ya la cabeça el bárbaro me quiebra.
	PELAYO	Que puede ser Maeso de Capilla,[12]
		si bien tiene la voz desentonada,
		y más cuando entra y sale de la villa.
	NUÑO	¿Quiérolo Elvira?
	SANCHO	De mi amor pagada,
185		me dio licencia para hablarte ahora.
	NUÑO	Ella será dichosamente honrada,
		pues sabe las virtudes que atesora,°
		Sancho, tu gran valor, y que pudiera
		llegar a merecer cualquier señora.
190	PELAYO	Con cuatro o seis cochinos que toviera,
		que éstos parieran otros, en seis años
		pudiera yo labrar una cochera.°
	NUÑO	Tú sirves a don Tello en sus rebaños,°
		el señor° desta tierra, y poderoso
195		en Galicia y en reinos más extraños.
		Decirle tu intención será forçoso,°
		así porque eres, Sancho, su crïado,°
		como por ser tan rico y dadivoso.°
		Daráte alguna parte del ganado;
200		porque es tan poco el dote° de mi Elvira,
		que 'has menester° estar enamorado.
		Esa casilla mal labrada mira
		en medio de esos campos, cuyos techos
		el humo tiñe° porque no respira.
205		Están lejos de aquí cuatro barbechos,°
		··
		··
		diez o doce castaños; todo es nada,
		si el señor desta tierra no te ayuda
210		con un vestido o con alguna espada.
	SANCHO	Pésame que mi amor pongas en duda.

Glosses (right margin):
- line 187: you possess
- line 192: pigsty
- line 193: flocks
- line 194: lord
- line 196: necessary
- line 197: servant
- line 198: generous
- line 200: dowry
- line 201: you need
- line 204: stains
- line 205: plowed fields

---

12 **Maestro de Capilla** *choirmaster*

PELAYO	¡Voto° al sol, que se casa con Elvira!	I swear
	Aquí la dejo yo; mi amor se muda.	
SANCHO	¿Qué mayor interés que al que suspira	

215 por su belleza darle su belleza,

milagro celestial que al mundo admira?

No es tanta de mi ingenio la rudeza,

que más que la virtud me mueva el dote.

NUÑO   Hablar con tus señores no es bajeza,

220   ni el pedirles que te honren te alborote;°   panic

que él y su hermana pueden fácilmente;

sin que esto, Sancho, a más que amor se note.

SANCHO   Yo voy 'de mala gana;° finalmente   reluctantly

iré, pues tú lo mandas.

NUÑO   [Dios con esto],

225 Sancho, tu vida y sucesión aumente.

Ven, Pelayo, conmigo.

PELAYO   Pues, ¿tan presto

le diste a Elvira, estando yo delante?

NUÑO   ¿No es Sancho moço,° noble y bien [dispuesto]?   lad

PELAYO   No le tiene el aldea semejante,

230 si va a decir verdad; pero, en efeto,

fuera en tu casa yo más importante

porque te diera cada mes un nieto.[13]

Vanse Nuño y Pelayo.

SANCHO   Sal, hermosa prenda° mía;   jewel

sal, Elvira de mis ojos.

Sale Elvira.

235 ELVIRA   ¡Ay, Dios! ¡Con cuántos enojos

teme amor y desconfía!

---

13 The bracketed words were included in Hartzenbusch's edition to correct the rhyme scheme. It seems that verse 232 is missing two verses to complete the *terceto*.

	Que la esperança prendada,°	imprisoned
	presa° de un cabello está.	prisoner
SANCHO	Tu padre dice que ya	
240	tiene la palabra dada	
	a un criado de don Tello.	
	¡Mira qué estrañas mudanças!°	turns of events
ELVIRA	No 'en balde° mis esperanças	in vain
	colgaba amor de un cabello.	
245	¿Qué mi padre me ha casado,	
	Sancho, con 'hombre escudero?°	servant
	Hoy pierdo la vida, hoy muero.	
	Vivid, mi dulce cuidado;	
	que yo me daré la muerte.	
250 SANCHO	Paso,° que me burlo, Elvira.	slow down
	El alma en los ojos mira,	
	dellos la verdad advierte;	
	que, sin admitir espacio,	
	dijo mil veces que sí.	
255 ELVIRA	Sancho, no lloro por ti,	
	sino por ir a Palacio;	
	que el criarme en la llaneza°	plainness
	desta humilde casería,	
	era cosa que podía	
260	causarme mayor tristeza.	
	Y que es causa justa advierte.	
SANCHO	¡Qué necio amor me ha engañado!	
	Vivid, mi necio cuidado;	
	que yo me daré la muerte.	
265	Engaños fueron de Elvira,	
	en cuya nieve me abraso.	
ELVIRA	Sancho, que me burlo, paso.	
	El alma en los ojos mira;	
	que amor y sus esperanzas	
270	me han dado aquesta lición:°	instruction
	su propia definición	

es que amor todo es venganças.

SANCHO   Luego, ¿ya soy tu marido?

ELVIRA   ¿No dices que está tratado?

275 SANCHO   Tu padre, Elvira, me ha dado
consejo (aunque no le pido),
    que a don Tello, mi señor
y señor de aquesta tierra,
poderoso en paz y en guerra,
280   quiere que pida favor;
    y aunque yo contigo, Elvira,
tengo toda la riqueza
del mundo (que en tu belleza
el Sol las dos Indias mira),
285   dice Nuño que es razón,
por ser mi dueño; en efeto,
es viejo y hombre discreto
y que merece opinión
    por ser tu padre también.
290   Mis ojos, a hablarle voy.

ELVIRA   Y yo esperándote estoy.

SANCHO   ¡Plega al cielo[14] que me den
    él y su hermana mil cosas!

ELVIRA   Basta darle cuenta desto.

295 SANCHO   La vida y el alma he puesto
en esas manos hermosas.
    Dadme siquiera la una.

ELVIRA   Tuya ha de ser; vesla aquí.

SANCHO   ¿Qué puede hacer contra mí,
300   si la tengo, la fortuna?
    Tú verás mi sentimiento
después de tanto favor;
que me ha enseñado el amor
a tener entendimiento.

---

14 **Plega al...** *may it please Heaven*

Vanse y sale don Tello, de caça;[15] y Celio y Julio, criados.

305	DON TELLO Tomad el venablo° allá.	spear
	CELIO ¡Qué bien te has entretenido!	
	JULIO Famosa la caça ha sido.	
	DON TELLO Tan alegre el campo está,	
	que sólo ver sus colores	
	es fiesta.	
310	CELIO ¡Con qué desvelos°	sleeplessness
	procuran los arroyuelos	
	besar los pies a las flores!	
	DON TELLO Da de comer a esos perros,	
	Celio, así te ayude Dios.	
315	CELIO Bien escalaron los dos	
	las puntas de aquellos cerros.°	hills
	JULIO Son famosos.	
	CELIO Florisel	
	es deste campo la flor.	
	DON TELLO No lo hace mal con amor.	
320	JULIO Es un famoso lebrel.°	hound
	CELIO Ya mi señora y tu hermana	
	te han sentido.	

Sale Feliciana.

	DON TELLO ¡Qué cuidados°	worries
	de amor, y qué bien pagados	
	de mis ojos, Feliciana,	
325	tantos desvelos por vos!	
	FELICIANA Yo lo estoy de tal manera,	
	mi señor, cuando estáis fuera,	
	por vos, como sabe Dios.	

---

15   Don Tello and his men are dressed in hunting garb.

No hay cosa que no me enoje;
el sueño, el descanso dejo;
no hay liebre,° no hay vil conejo°   hare, rabbit
que fiera° no se me antoje.   beast

DON TELLO   En los montes de Galicia,
hermana, no suele haber
fieras, 'puesto que° el tener   **aunque**
poca edad, fieras codicia.°   covet

Salir suele un jabalí°   wild boar
de entre esos montes espesos,
cuyos dichosos sucesos
tal vez celebrar les vi.

Fieras son, que junto al anca°   haunch
del caballo más valiente,
al sabueso° con el diente   bloodhound
suelen abrir la carlanca.°   dog collar

Y tan mal la furia aplacan°   pacify
que, para decirlo en suma,
truecan° la caliente espuma   exchange
en la sangre que le sacan.

También el oso° que en pie   bear
acomete al caçador°   hunter
con tan estraño furor,
que muchas veces se ve
dar con el hombre en el suelo.
Pero la caça ordinaria
es humilde cuánto varia,
para no tentar al cielo.

Es digna de Caballeros
y Príncipes, porque encierra
los preceptos° de la guerra,   rules
y ejercita los aceros,°   steels (swords)
y la persona habilita.°   practices

FELICIANA   Como yo os viera casado,
no me diera ese cuidado,

		que tantos sueños me quita.	
365	DON TELLO	El ser aquí poderoso	
		no me da tan cerca igual.[16]	
	FELICIANA	No os estaba aquí tan mal	
		de algún señor generoso	
		la hija.	
	DON TELLO	Pienso que quieres	
370		reprehender° no haber pensado	to reprimand
		en casarte; que es cuidado	
		que nace con las mujeres.	
	FELICIANA	Engáñaste,° por tu vida;	te engañas
		que sólo tu bien deseo.	

Salen Sancho y Pelayo.

375	PELAYO	Entra, que solos los veo;	
		no hay persona que lo empida.°	impida
	SANCHO	Bien dices, de casa son	
		los que con ellos están.	
	PELAYO	Tú verás lo que te dan.	
380	SANCHO	Yo cumplo mi obligación.	
		Noble, ilustrísimo Tello,	
		y tú, hermosa Feliciana,	
		señores de aquesta tierra,	
		que os ama por tantas causas,	
385		dad vuestros pies generosos	
		a Sancho, Sancho el que guarda	
		vuestros ganados y huerta,°	orchard
		oficio humilde en tal casa.	
		Pero en Galicia, señores,	
390		es la gente tan hidalga,°	noble
		que sólo en servir al rico	
		el que es pobre no le iguala.	

---

16 **El ser…** *being of noble birth and such a powerful person, no woman is noble enough to marry me*

                    Pobre soy, y en este oficio
                    que os he dicho, cosa es clara
395   que no me conoceréis,
                    porque los criados pasan
                    de ciento y treinta personas
                    que vuestra ración aguardan
                    y vuestro salario esperan;
400   pero tal vez en la caça
                    presumo que me habréis visto.

DON TELLO   Sí he visto, y siempre me agrada
                    vuestra persona, y os quiero
                    bien.

SANCHO   Aquí por merced° tanta   favor
405   os beso los pies mil veces.

DON TELLO   ¿Qué quieres?

SANCHO   Gran señor, pasan
                    los años con tanta furia,
                    que parece que con cartas
                    van 'por la posta° a la muerte,   right away
410   y que una breve posada°   lodging
                    tiene la vida a la noche,
                    y la muerte a la mañana.
                    Vivo solo. Fue mi padre
                    hombre de bien, que pasaba
415   sin servir. Acaba en mí
                    la sucesión de mi casa.
                    'He tratado° de casarme   I have arranged
                    con una doncella° honrada,   maiden
                    hija de Nuño de Aibar,
420   hombre que sus campos labra,
                    pero que aun tiene paveses°   long shields
                    en las ya borradas armas
                    de su portal, y con ellas,
                    de aquel tiempo, algunas lanzas.
425   Esto y la virtud de Elvira

(que así la novia se llama)
me han obligado. Ella quiere,
su padre también se agrada,
mas no sin licencia vuestra;
430   que me dijo esta mañana
que el señor ha de saber
cuánto se hace y cuánto pasa
desde el vasallo° más vil   vassal
a la persona más alta
435   que de su salario vive;
y que los Reyes se engañan
si no reparan en esto,
que pocas veces reparan.
Yo, señor, tomé el consejo,
440   y vengo, como él lo manda,
a deciros que me caso.

DON TELLO   Nuño es discreto, y no basta
razón a tan buen consejo.
Celio...

CELIO   Señor...

DON TELLO   Veinte vacas
445   y cien ovejas darás
a Sancho, a quien yo y mi hermana
habemos de honrar la boda.

SANCHO   ¡Tanta merced!

PELAYO   ¡Merced tanta!

SANCHO   ¡Tan grande bien!

PELAYO   ¡Bien tan grande!

SANCHO   ¡Rara virtud!

450   PELAYO   ¡Virtud rara!

SANCHO   ¡Alto valor!

PELAYO   ¡Valor alto!

SANCHO   ¡Santa piedad!

PELAYO   ¡Piedad santa!

DON TELLO   ¿Quién es este labrador

	que os responde y acompaña?	
455	PELAYO Soy al que dice al revés	

PELAYO
Soy al que dice al revés
todas las cosas que habra.

SANCHO
Señor, de Nuño es criado.

PELAYO
Señor, en una palabra,
el pródigo[17] soy de Nuño.

DON TELLO
¿Quién?

PELAYO
El que sus puercos guarda.
Vengo también a pediros
mercedes.

DON TELLO
¿Con quién te casas?

PELAYO
Señor, no me caso ahora;
mas, por si el diabro° me engaña,   **diablo**
os vengo a pedir carneros,°   sheep
para si después 'me faltan;°   they get lost on me
que un Astrólogo me dijo
una vez en Masalanca°   Salamanca
que tenía peligro en toros,
y en agua tanta desgracia,
que desde entonces no quiero
casarme ni beber agua,
por escusar el peligro.

FELICIANA
Buen labrador.

DON TELLO
Humor gasta.

FELICIANA
Id, Sancho, en buenhora. Y tú[18]
haz que a su cortijo° vayan   country house
las vacas y las ovejas.

SANCHO
Mi corta lengua no alaba
tu grandeza.

DON TELLO
¿Cuándo quieres

---

17 **pródigo** *prodigal son.* Pelayo means that he is Nuño's *porquero* (swineheard). Earlier Pelayo had comically wanted to become Nuño's son-in-law. Lope is also alluding to the biblical prodigal son found in Luke 15: 15-17 who had lost his father's fortune and was forced to tend to his pigs.

18 **Y tú...** addressing Celio, Don Tello's servant

	desposarte?°	to get married
SANCHO	Amor me manda	
	que sea esta misma noche.	
DON TELLO	Pues ya los rayos desmaya°	weakens
	el Sol, y entre nubes de oro	
	veloz al poniente° baja.	east
	Vete a prevenir° la boda,	prepare
	que allá iremos yo y mi hermana.	
	¡Hola!¹⁹ 'Pongan la carroça.°	prepare the
SANCHO	Obligado llevo el alma	coach
	y la lengua, gran señor,	
	para tu eterna alabança.°	praise

480 Amor me manda
485 Vete a prevenir la boda,
490 para tu eterna alabança.

Vase.

FELICIANA	En fin, vos ¿no os casaréis?	
PELAYO	Yo, señora, me casaba	
	con la novia deste moço,	
	que es una lumpia° çagala,²⁰	**limpia**
	si la hay en toda Galicia;	
	supo que puercos guardaba,	
	y desechóme° por puerco.	cast me aside
FELICIANA	Id con Dios, que no se engaña.	
PELAYO	Todos guardamos, señora,	
	lo que...	
FELICIANA	¿Qué?	
PELAYO	Lo que nos mandan	
	nuestros padres que guardemos.	

495 si la hay en toda Galicia;
500 Lo que nos mandan

Vase.

FELICIANA	El mentecato° me agrada.	idiot
CELIO	Ya que es ido el labrador,	

---

19   **¡Hola!** *Hey!* **Hola** is used when calling to a person of inferior social stature.

20   **çagala** *young shepherdess*

que no es necio en lo que habla,
505 prometo a Vueseñoría
que es la moça más gallarda°   charming
que hay en toda Galicia,
y que por su talle° y cara,   physique
discreción y honestidad
510 y otras infinitas gracias,°   graces
pudiera honrar el hidalgo
más noble de toda España.

FELICIANA   ¿Que es tan hermosa?
CELIO   Es un ángel.
DON TELLO   Bien se ve, Celio, que hablas
con pasión.
515 CELIO   Alguna tuve;
mas cierto que no me engaña.
DON TELLO   Hay algunas labradoras
que, sin afeites° ni galas,   make-up
suelen llevarse los ojos,
520 y a vuelta dellos el alma;
pero son tan desdeñosas°   disdainful
que sus melindres° me cansan.   prudery
FELICIANA   Antes las que se defienden
suelen ser más estimadas.

Vanse y salen Nuño y Sancho.

525 NUÑO   ¿Eso don Tello responde?
SANCHO   Esto responde, señor.
NUÑO   Por cierto que a su valor
dignamente corresponde.
SANCHO   Mandóme dar el ganado
que os digo.
530 NUÑO   Mil años viva.
SANCHO   Y aunque es dádiva° excesiva,   gift
más estimo haberme honrado

	con venir a ser padrino.°	sponsor
NUÑO	Y ¿vendrá también su hermana?	
SANCHO	También.	

535 NUÑO   Condición tan llana°   easy-going
del cielo a los hombres vino.

SANCHO   Son señores generosos.

NUÑO   ¡Oh, si aquesta casa fuera,
pues los huéspedes espera
540 más ricos y poderosos
     deste Reino, un gran Palacio!

SANCHO   Esa no es dificultad;
cabrán en la voluntad,°   will
que tiene infinito espacio.

545   Ellos vienen en efeto.

NUÑO   ¡Qué buen consejo te di!

SANCHO   Cierto que en don Tello vi
un señor todo perfeto,
     porque en quitándole el dar,
550 con que a Dios es parecido,
no es señor; que haberlo sido
se muestra en dar y en honrar.

     Y pues Dios su gran valor
quiere que dando se entienda,
555 sin dar ni honrar no pretenda
ningún señor ser señor.

NUÑO   ¡Cien ovejas! ¡Veinte vacas!
Será una 'hacienda gentil°   excellent farm
si por los prados del Sil
560 la Primavera los²¹ sacas.
     Páguele Dios a don Tello
tanto bien, tanto favor.

SANCHO   ¿Dónde está Elvira, señor?

NUÑO   Ocuparála el cabello

---

21 **Los** refers to Don Tello's gift of sheep and cows.

565		o algún 'tocado de boda.°	wedding headdress
	SANCHO	Como ella traiga su cara,	
		rizos y gala escusara;	
		que es de rayos del Sol toda.	
	NUÑO	No tienes 'amor villano.°	rustic love
570	SANCHO	Con ella tendré, señor,	
		firmezas° de labrador	convictions
		y amores de cortesano.	
	NUÑO	No puede amar altamente	
		quien no tiene entendimiento,	
575		porque está su sentimiento	
		en que sienta lo que siente.	
		Huélgome° de verte así.	I am pleased
		Llama esos moços, que quiero	
		que entienda este Caballero	
580		que soy algo o que lo fui.	
	SANCHO	Pienso que mis dos señores	
		vienen, y vendrán con ellos.	
		Deje Elvira los cabellos,	
		y reciba sus favores.	

Salen don Tello y criados; Juana, Leonor y villanos.

	DON TELLO	¿Dónde fue mi hermana?	
585	JUANA	Entró.	
		por la novia.	
	SANCHO	¡Señor mío!	
	DON TELLO	¡Sancho!	
	SANCHO	Fuera desvarío°	delirium
		querer daros gracias yo,	
		con mi rudo entendimiento,	
		desta merced.	
590	DON TELLO	¿Dónde está	
		vuestro suegro?	
	NUÑO	Donde ya	

	tendrán sus años aumento	
	con este inmenso favor.	
DON TELLO	Dadme los braços.	
NUÑO	Quisiera	
595	que esta casa un mundo fuera,	
	y vos del mundo señor.	
DON TELLO	¿Cómo os llamáis vos, serrana?°	mountain girl
PELAYO	Pelayo, señor.	
DON TELLO	No digo	
	a vos.	
PELAYO	¿No habraba conmigo?	
600	JUANA	A vuestro servicio, Juana.	
DON TELLO	¡Buena gracia!	
PELAYO	Aun no lo sabe	
	bien; que con un cucharón,	
	si la pecilga un garçon,²²	
	le suele pegar un cabe°	blow
605	'que le aturde los sentidos;°	would daze him
	que una vez, porque llegué	
	a la olla,²³ los saqué	
	por dos meses atordidos.	
DON TELLO	¿Y vos?	
PELAYO	Pelayo, señor.	
DON TELLO	No hablo con vos.	
610	PELAYO	Yo pensaba,	
	señor, que conmigo habraba.	
DON TELLO	¿Cómo os llamáis?	
LEONOR	Yo, Leonor.	
PELAYO	¡Cómo pescuda° por ellas,	inquires
	y por los çagales° no!	guys
615	Pelayo, señor, soy yo.	
DON TELLO	¿Sois algo de alguna dellas?	
PELAYO	Sí, señor; el porquerizo.	

---

22 **si la...** *if a young man pinches her*
23 **olla** *cooking pot*, but there are also sexual connotations here.

Don Tello	Marido, digo, o hermano.	
Nuño	¡Qué necio estás!	
Sancho		¡Qué villano!
Pelayo	Así mi madre me hizo.	
Sancho		La novia y la madrina vienen.

620

Salen Feliciana y Elvira.

Feliciana	Hermano, hacedles favores.
	¡Y dichosos los señores
	que tales vasallos tienen!
Don Tello	Por Dios, que tenéis razón.
	¡Hermosa moça!
Feliciana	Y gallarda.
Elvira	La vergüença me acordaba,
	como primera ocasión.
	Nunca vi vuestra grandeza.
Nuño	Siéntense sus Señorías:
	las sillas son como mías.
Don Tello	No he visto mayor belleza.
	¡Qué divina perfección!
	Corta ha sido su alabança.
	¡Dichosa aquella esperanza
	que espera tal posesión![24]
Feliciana	Dad licencia que se siente
	Sancho.
Don Tello	Sentaos.
Sancho	No, señor.
Don Tello	Sentaos.
Sancho	¡Yo tanto favor,
	y mi señora presente!
Feliciana	Junto a la novia os sentad;

625

630

635

640

---

24 Verses 635 and 636 are attributed to Nuño, Elvira's father, in the *Parte XXI* edition. Most editors, however, follow the *Suelta* manuscript of 1741 that attributes them to don Tello.

	no hay quien el puesto os impida.²⁵	
DON TELLO	¡No esperé ver en mi vida	
	tan 'peregrina beldad!°	rare beauty
PELAYO	Y yo, ¿adónde he de sentarme?	
NUÑO	Allá en la caballeriza°	stable
	tú la fiesta solemniza.	
DON TELLO	¡Por Dios, que 'siento abrasarme!°	I am burning up!
	¿Cómo la novia se llama?	
PELAYO	Pelayo, señor.	
NUÑO	¿No quieres	
	callar? Habla a las mujeres,	
	y cuéntaste° tú por dama.	te cuentas
	Elvira es, señor, su nombre.	
DON TELLO	Por Dios, que es hermosa Elvira,	
	y digna, aunque serlo admira,	
	de novio tan gentil hombre.	
NUÑO	Zagalas, regocijad²⁶	
	la boda.	
DON TELLO	¡Rara hermosura!	
NUÑO	En tanto que viene el Cura,	
	a vuestra usança bailad.²⁷	
JUANA	El cura ha venido ya.	
DON TELLO	Pues decid que no entre el cura;	
	que tan divina hermosura	
	robándome el alma está.	
SANCHO	¿Por qué, señor?	
DON TELLO	Porque quiero,	
	después que os he conocido,	
	honraros más.	
SANCHO	Yo no pido	

---

25   Verses 637 and 641 to 642 are attributed to Pelayo in the *Parte XXI* edition. I have chosen to follow the *Suelta* manuscript again, which attributes them to Feliciana.

26   **regocijad** *delight or fill the wedding with joy.* Nuño is asking the young ladies to dance for everyone's enjoyment.

27   **a vuestra...** *dance however you like*

más honras, ni las espero,
que casarme con mi Elvira.

670 DON TELLO Mañana será mejor.

SANCHO 'No me dilates,° señor,   don't defer
tanto bien; mis ansias mira,
y que desde aquí a mañana
puede un pequeño accidente
675 quitarme el bien que presente
la posesión tiene llana.°   plain to see
Si sabios dicen verdades,
bien dijo aquel que decía
que era el Sol el que traía
680 al mundo las novedades.°   novelties
¿Qué sé yo lo que traerá
del otro mundo mañana?

DON TELLO ¡Qué condición tan villana!°   low-class
¡Qué puesto en su gusto está!²⁸
685 Quiérole honrar y hacer fiesta,
y el muy necio, hermana mía,
en tu presencia porfía°   insists
con voluntad poco honesta.
Llévala, Nuño, y descansa
esta noche.

690 NUÑO   Haré tu gusto.

Vanse Tello, Feliciana y Celio.

ELVIRA Esto no parece justo.
¿De qué don Tello se cansa?
Yo no quiero responder
por no mostrar liviandad.°   frivolity
695 NUÑO No entiendo su voluntad
ni lo que pretende hacer.

---

28 This verse does not appear in *Parte XXI*, but does in the *Suelta* manuscript.

Es señor; ya 'me ha pesado°   *it troubles me*
de que haya venido aquí.

Vase.

SANCHO   Harto° más me pesa a mí   **mucho**
700   aunque lo he disimulado.
PELAYO   ¿No hay boda esta noche?
JUANA   No.
PELAYO   ¿Por qué?
JUANA   No quiere don Tello.
PELAYO   Pues don Tello, ¿puede hacello?
JUANA   Claro está, pues lo mandó.

Vase.

705 PELAYO   Pues, antes que entrase el Cura,
             'mos a puesto° impedimento.   **nos ha puesto**

Vase.

SANCHO   Oye, Elvira.
ELVIRA   ¡Ay, Sancho! Siento
             que tengo poca ventura.°   *luck*
SANCHO   ¿Qué quiere el señor hacer
710   que a mañana lo difiere?°   *postpones*
ELVIRA   Yo no entiendo lo que quiere,
             pero debe de querer.
SANCHO   ¿Es posible que me quita
             esta noche? ¡Ay, bellos ojos!
715   ¡Tuviesen paz los enojos
             que airado me solicita!29
ELVIRA   Ya eres, Sancho, mi marido.

---

29 **¡Tuviesen paz...** *I hope to remain calm; don Tello's outburst has me on edge!*

	Ven esta noche a mi puerta.
Sancho	¿Tendrásla, mi bien, abierta?
Elvira	'¡Pues no!° *of course!*
720 Sancho	Mi remedio ha sido;
	que si no, yo me matara.
Elvira	También me matara yo.
Sancho	El cura llegó y no entró.
Elvira	No quiso que el cura entrara.
725 Sancho	Pero si te persüades
	a abrirme, será mejor;
	que no es mal Cura³⁰ el amor
	para sanar voluntades.

*Vanse, y salen Don Tello
y criados con mascarillas.³¹*

Don Tello	Muy bien me habéis entendido.
730 Celio	Para entenderte no creo
	que es menester,° gran señor, *necessary*
	muy sutil entendimiento.
Don Tello	Entrad, pues, que estarán solos
	la hermosa Elvira y el viejo.
735 Celio	Toda la gente se fue
	con notable descontento
	de ver dilatar° la boda. *defer*
Don Tello	Yo tomé, Celio, el consejo
	primero que amor me dio;
740	que era infamia° de mis celos° *dishonor, jealousy*
	dejar gozar a un villano
	la hermosura que deseo.
	Después que della me canse,
	podrá ese rústico necio
745	casarse; que yo daré

---

30 Note Lope's playful use of the word **cura**.
31 ***mascarillas*** *masks*

ganado, hacienda y dinero
con que viva; que es arbitrio°   judgment
de muchos, como lo vemos
en el mundo. Finalmente,
750   yo soy poderoso, y quiero,
pues este hombre no es casado,
valerme³² de lo que puedo.
Las máscaras os poned.³³

CELIO   ¿Llamaremos?°   should we knock
DON TELLO   Sí.

Llaman y sale Elvira al paño.³⁴

CRIADO   Ya abrieron.
755   ELVIRA   Entra, Sancho de mi vida.
CELIO   ¿Elvira?
ELVIRA   Sí.
Criado: '¡Buen encuentro!°   gotcha!

Llévanla.

ELVIRA   ¿No eres tú, Sancho? ¡Ay de mí!
¡Padre! ¡Señor! ¡Nuño! ¡Cielos!
¡Que me roban! ¡Que me llevan!
DON TELLO   Caminad ya.

Dentro.³⁵

760   NUÑO   ¿Qué es aquesto?
ELVIRA   ¡Padre!
DON TELLO   ¡Tápala° esa boca!   cover

---

32 **valerme...** *to impose my authority*
33 **Las máscaras...** *put on your masks*
34 She appears behind the curtain at the back of the stage of the playhouse.
35 The actors call out from inside the tiring room at the back of the stage.

NUNO	¡Hija! Ya te oigo y te veo,
	pero mis caducos° años	decrepit
	y mi 'desmayado esfuerço,°	weakened state
765		¿qué podrán contra la fuerça°	strength
	de un poderoso mancebo,°	young man
	que ya presumo quién es?

Salen Sancho y Pelayo, de noche.[36]

SANCHO	Voces parece que siento
	en el valle, hacia la casa
	del señor.
770	PELAYO	Habremos quedo,[37]
	no mos° sientan los criados.	nos
SANCHO	Advierte que estando dentro
	no te has de dormir.
PELAYO	No haré;
	que ya me conoce el sueño.
775	SANCHO	Yo saldré cuando del alba
	pida albricias el lucero;[38]
	mas no me las pida a mí,
	si me ha de quitar mi cielo.
PELAYO	¿Sabes, que pareceré
780		mientras estás alla dentro?
	Mula de doctor, que está
	tascando° a la puerta el freno.°	chewing, bit
SANCHO	Llamemos.
PELAYO	Apostaré

---

36 Sancho and Pelayo are dressed in clothing associated with nighttime, such as a heavy cloak.

37 *Parte XXI* has **habremos cuando** and the *Suelta* edition corrects it with **habremos quedo**. Pelayo is speaking with his rustic accent to express **hablemos quedo**, which means *let's speak quietly*.

38 **cuando el…** *when dawn congratulates the morning star;* in other words, *at daybreak*

785		que está por 'el agujero	
		de la llave° Elvira atenta.	keyhole
	SANCHO	Llego y llamo.	

Sale Nuño.

	NUÑO	'Pierdo el seso.°	I'm losing my mind
	SANCHO	¿Quién va?	
	NUÑO	Un hombre.	
	SANCHO	¿Es Nuño?	
	NUÑO	¿Es Sancho?	
	SANCHO	Pues, ¡tú en la calle! ¿Qué es esto?	
	NUÑO	¿Qué es esto dices?	
	SANCHO	Pues bien,	
790		¿qué ha sucedido?; que temo	
		algún mal.	
	NUÑO	Y aun el mayor;	
		que alguno ya fuera menos.	
	SANCHO	¿Cómo?	
	NUÑO	Un escuadrón de armados	
		aquestas puertas rompieron,	
		y se han llevado...	
795	SANCHO	No más,	
		que aquí dio fin mi deseo.	
	NUÑO	Reconocer con la Luna	
		los quise, mas no me dieron	
		lugar a que los mirase,	
800		porque luego se cubrieron	
		con mascarillas las caras	
		y no pude conocerlos.°	identify them
	SANCHO	¿Para qué, Nuño? ¿Qué importa?	
		Criados son de don Tello,	
805		a quien me mandaste hablar.	
		¡Mal haya, amén, el consejo!	
		En este valle hay diez casas,	

	y todas diez de pecheros,°	tax payers
	que se juntan a esta ermita:°	hermitage
810	no ha de ser ninguno dellos.	
	Claro está que es el señor,	
	que la ha llevado a su pueblo;	
	que él no me deja casar	
	es el indicio más cierto.	
815	Pues, ¿es verdad que hallaré	
	justicia fuera del cielo,	
	siendo un hombre poderoso	
	y el más rico deste Reino?	
	¡Vive Dios! Que estoy por ir	
820	a morir; que no sospecho	
	que a otra cosa...	

NUÑO   Espera, Sancho.

PELAYO   ¡Voto al soto,[39] que si encuentro
                sus cochinos en el prado,
                que aunque haya guarda con ellos,
825   que los he de apedrear![40]

NUÑO   Hijo, de tu entendimiento
                procura valerte[41] ahora.

SANCHO   Padre y señor, ¿cómo puedo?
                Tú me aconsejaste el daño,
830   aconséjame el remedio.

NUÑO   Vamos a hablar al señor
                mañana; que yo sospecho

| | que, como fue mocedad,° | childish |
| | ya tendrá arrepentimiento. | |

---

39 **¡Voto al soto.** This is a nonsensical, funny exclamation. **Soto** literally means thicket or forest. Pelayo probably uses it because it rhymes. These comical exclamations remind me of the 1960s television show "Batman" wherein Robin, the superhero's sidekick, often uses the word "Holy" followed by a colloquial reference, such as "Holy Hamburger, Batman!"

40 **los he...** *I will throw rocks at them*

41 **procura valerte...** *try to pull yourself together*

835   Yo fío,° Sancho, de Elvira;   I trust
        que no haya fuerça° ni ruegos°   force, pleading
        que la puedan conquistar.
SANCHO Yo lo conozco y lo creo.
        ¡Ay, que me muero de amor!
840   ¡Ay, que me abraso de celos!
        ¿A cuál hombre ha sucedido
        tan lastimoso suceso?°   ocurrence
        ¡Que trujese° yo a mi casa   **trajese**
        el fiero León sangriento
845   que mi cándida cordera°   lamb
        me robara! ¿Estaba ciego?
        Sí estaba; que no entran bien
        poderosos Caballeros
        en las casas de los pobres
850   que tienen ricos empleos.
        Paréceme que su rostro
        lleno de aljófares° veo   seed pearls
        por las mejillas de grana,
        su honestidad defendiendo.
855   Paréceme que la escucho,
        ¡lastimoso pensamiento!,
        y que el tirano la dice
        mal escuchados requiebros.
        Paréceme que a sus ojos
860   los descogidos cabellos
        haciendo están celosías
        para no ver sus deseos.
        Déjame, Nuño, matar;
        que todo el sentido pierdo.
865   ¡Ay, que me muero de amor!
        ¡Ay, que me abraso de celos!
NUÑO   Tú eres, Sancho, bien nacido:
        ¿qué es de tu valor?
SANCHO   Recelo

cosas que, de imaginallas,
870   loco hasta el alma me vuelvo,
sin poderlas remediar.
Enséñame el aposento°   room
de Elvira.

PELAYO   Yo, mi señor,
la cocina, que me muero
875   de hambre; que no he cenado,
como enojados se fueron.

NUÑO   Entra, y descansa hasta el día;
que no es bárbaro don Tello.

SANCHO   ¡Ay, que me muero de amor
880   y estoy rabiando de celos!

Acto Segundo

Salen don Tello y Elvira.

ELVIRA	¿De qué sirve atormentarme,°	to torment me
	Tello, con tanto rigor?°	insistence
	¿Tú no ves que tengo honor,	
	y que es cansarte y cansarme?	
DON TELLO	Basta; que das en matarme,	
	con ser tan áspera° y dura.°	harsh, stubborn
ELVIRA	Volverme, Tello, procura°	go get
	a mi esposo.	
DON TELLO	No es tu esposo;	
	ni un villano, aunque dichoso°	fortunate
	digno de tanta hermosura.	
	Mas cuando yo Sancho fuera,	
	y él fuera yo, dime, Elvira,	
	¿cómo el rigor de tu ira	
	tratarme tan mal pudiera?	
	Tu crueldad, ¿no considera	
	que esto es amor?	
ELVIRA	No, señor;	
	que amor que pierde al honor	
	el respeto, es vil° deseo,	despicable
	y siendo apetito feo,	
	no puede llamarse amor.	
	Amor se funda en querer	
	lo que quiere quien desea;	

885 · 890 · 895 · 890

81

que amor que casto° no sea,   pure
ni es amor ni puede ser.

DON TELLO   ¿Cómo no?

895 ELVIRA   ¿Quiéreslo ver?
Anoche, Tello, me viste.
Pues, 'tan presto° me quisiste   as soon as
que apenas consideraste
qué fue lo que deseaste,
900 que es en lo que amor consiste.
    Nace amor de un gran deseo.
Luego, va creciendo amor
por los pasos del favor
al fin de su mismo empleo.
905 Y en ti, según lo que veo,
no es amor, sino querer
quitarme a mí todo el ser
que me dio el cielo en la honra.
Tú procuras mi deshonra,
910 y yo me he de defender.

DON TELLO   Pues hallo en tu entendimiento,
como en tus braços, defensa,
oye un argumento.⁴²

ELVIRA   Piensa
que no ha de haber argumento
915 que vença mi firme intento.

DON TELLO ¿Dices que no puede ser
ver, desear y querer?

ELVIRA   Es verdad.

DON TELLO   Pues dime, ingrata,
¿cómo el Basilisco⁴³ mata
920 con sólo llegar a ver?

ELVIRA   Ése es sólo un animal.

DON TELLO Pues ése fue tu hermosura.

ELVIRA   Mal pruebas° lo que procura°   prove, seeks

---

42 **argumento** refers to an argument of reasoning
43 A basilisk is a legendary serpent said to be able to kill with a single glance.

| | tu ingenio.° | cleverness |

DON TELLO   ¿Yo pruebo mal?

925 ELVIRA   El Basilisco mortal
mata teniendo intención
de matar; y es la razón
tan clara, que mal podía
matarte cuando te vía,°   veía
930 para ponerte afición.

    Y traigamos aquí
más argumentos, señor.
Soy mujer y tengo amor:
nada has de alcançar de mí.

935 DON TELLO   ¿Puédese creer que así
responda una labradora?
Pero confiésame ahora
que eres necia en ser discreta,
pues viéndote tan perfeta,
940 cuanto más, más enamora.

    Y ¡ojalá fueras mi igual!
Mas, bien ves que tu bajeza°   inferior social
afrentara° mi nobleza,   status; offends
y que pareciera mal
945 juntar brocado y sayal.[44]
Sabe Dios si amor 'me esfuerça,°   gives me courage
que mi buen intento tuerça;°   twists
pero ya el mundo traçó°   designed
estas leyes, a quien yo
950 he de obedecer por fuerça.

Sale Feliciana.

FELICIANA   Perdona, hermano, si soy
más piadosa que quisieras.
Espera, '¿de qué te alteras?°   what's wrong?

---

44 **juntar brocado...** *to combine brocaded fabric* (usually with silk, silver, or gold) *with cloth* (often wool)

Don Tello	¡Qué necia estás!
Feliciana	Necia estoy,

955   pero soy, Tello, mujer,
          y es terrible tu porfía.°   obstinancy
          Deja que pase algún día;[45]
          que llegar, ver y vencer,
          no se entiende con amor,
960   aunque César[46] de amor seas.

Don Tello ¿Es posible que tú seas
          mi hermana?

Feliciana ¡Tanto rigor
          con una pobre aldeana!°   village woman

Llaman.

Elvira Señora, 'doleos de mí.°   have pity on me
965 **Feliciana** Tello, si hoy no dijo sí,
          podrá decirlo mañana.
          Ten paciencia, que es crueldad
          que los dos no descanséis.
          Descansad, y volveréis
          a la batalla.
970 **Don Tello** ¿Es piedad
          quitarme la vida a mí?

Llaman.

Feliciana Calla, que estás enojado.
          Elvira no te ha tratado,
          tiene vergüença de ti.
975   Déjala estar unos días
          contigo en conversación,

---

45 This verse, needed to complete the **redondilla**, is not present in *Parte XXI*, but is included in the *Suelta* manuscript.

46 Gaius Julius Caesar was a Roman General and statesman who, upon conquering the Greek city of Pontus, supposedly said, "*Veni, vidi, vici*" (*I came, I saw, I conquered*).

	y conmigo, que es razón.°	reasonable
ELVIRA	Puedan las lágrimas mías	
	moveros, noble señora,	
980	a interceder por mi honor.	

Llaman.

FELICIANA	'Sin esto,° advierte señor,	in addition to this
	que debe de haber una hora	
	que están llamando a la puerta	
	su viejo padre y su esposo,	
985	y que es justo y aun forçoso	
	que la hallen los dos abierta,	
	porque, si no entran aquí,	
	dirán que tienes a Elvira.	
DON TELLO	Todos me mueven a ira.	
990	Elvira, escóndete ahí;	
	y entren esos dos villanos.	
ELVIRA	¡Gracias a Dios que me dejas	
	descansar!	
DON TELLO	¿De qué te quejas	
	si me has atado las manos?	

Escóndese.

FELICIANA	¡Hola!	
CELIO	*(Dentro.)*	
	Señora...	
995 FELICIANA	Llamad	
	esos pobres labradores.	
	Trátalos bien, y no ignores	
	que importa a tu calidad.°	rank

Salen Nuño y Sancho.

| NUÑO | Besando el suelo de tu noble casa, | |

1000 que de besar tus pies somos indinos,°   **indignos**
venimos a decirte lo que pasa,
si bien con mal formados desatinos.[47]
Sancho, señor, que con mi Elvira casa,
de quien los dos habíais de ser padrinos,
1005 viene a quejarse del mayor agravio°   insult
que referirte puede humano labio.

SANCHO   Magnánimo señor, a quien las frentes
humillan estos montes coronados°   covered
de nieve, que bajando en puras fuentes,
1010 besan tus pies en estos verdes prados:°   meadows
por consejo de Nuño y sus parientes,
en tu valor divino confiados,
te vine a hablar y te pedí licencia,
y honraste mi humildad con tu presencia.

1015   Haber estado en esta casa, creo
que obligue tu valor a la vengança
de caso tan atroz, inorme° y feo,   **enorme**
que la nobleza de tu nombre alcança.
Si alguna vez amor algún deseo
1020 trujo la posesión a tu esperança,
y al tiempo de gozarla la perdieras,
considera, señor, lo que sintieras.

     Yo, sólo labrador en la campaña,°   open field
y en el gusto del alma Caballero,
1025 y no tan enseñado a la montaña,
que alguna vez no juegue el limpio acero,[48]
oyendo nueva° tan feroz y estraña,   news
no fui, ni pude, labrador grosero:
sentí el honor con no haberle tocado,
1030 que quien dijo de sí, ya era casado.

     Salí a los campos, y a la luz que excede
a las estrellas, que miraba en vano,
a la Luna veloz, que retrocede

---

47 **mal formados...** *confused explanations*
48 **alguna vez...** *I have been known to wield a shiny sword*

las aguas y las crece al Océano.
1035 "Dichosa," dije, "tú, que no te puede
quitar el Sol ningún poder humano,
con subir cada noche donde subes,
aunque vengan con máscaras las nubes."

Luego, volviendo a los desiertos prados,
1040 durmiendo con los álamos de Alcides,⁴⁹
las yedras° vi con laços apretados,   ivy
y con los verdes pámpanos las vides.⁵⁰
"¡Ay!," dije, "¿cómo estáis tan descuidados?
Y tú, grosero, ¿cómo no divides,
1045 villano labrador, estos amores,
cortando ramas y rompiendo flores?"

Todo duerme seguro. Finalmente,
me robaron a [mí] mi prenda° amada,   treasure
y allí me pareció que alguna fuente
1050 lloró también y murmuró turbada.°   confused
Llevaba yo, ¡cuán lejos de valiente!,
con rota vaina° una mohosa° espada;   scabbard, rusty
llegué al árbol más alto, y a reveses
y tajos⁵¹ igualé sus blancas mieses.⁵²

1055 No porque el árbol me robase a Elvira,
mas porque fue tan alto y arrogante,
como a los demás como a pequeños mira:
tal es la fuerça de un feroz gigante.
Dicen en el lugar, pero es mentira,
1060 siendo quien eres tú, que, ciego amante
de mi mujer, autor del robo fuiste,
y que en tu misma casa la escondiste.

---

49 **los álamos...** *the poplar (trees) of Alcides.* Alcides, another name for Hercules (Greek) or Heracles (Roman), made a wreath from the poplar's branches and placed it on his head for protection.

50 **y con...** *and with the green tendrils of its vines*

51 **a reveses...** *with backhand and forehand slashes*

52 **igualé sus...** *I brought the white foliage down to my level*; in other words, I chopped down the tree.

"¡Villanos,"° dije yo, "tened respeto!;   scum!
don Tello, mi señor, es gloria y honra
1065   de la casa de Neira, y, en efeto,
es mi padrino, y quien mis bodas honra."
Con esto, tú piadoso, tú discreto,
no sufrirás la tuya y mi deshonra;
antes harás volver, la espada en puño,°   hilt
1070   a Sancho su mujer, su hija a Nuño.

DON TELLO   Pésame gravemente,[53] Sancho amigo,
de tal atrevimiento, y en mi tierra
no quedará el villano sin castigo
que la ha robado y en su casa encierra.
1075   Solicita tú y sabe qué enemigo,
con loco amor, con encubierta guerra,
nos ofende a los dos con tal malicia;
que, si se sabe, yo te haré justicia.
Y a los villanos que de mí murmuran
1080   haré açotar[54] por tal atrevimiento.
Idos con Dios.

SANCHO   Mis celos se aventuran.[55]

NUÑO   Sancho, tente,° por Dios.   restrain yourself

SANCHO   Mi muerte intento.

DON TELLO   Sabedme° por allá los que procuran   let me know
mi deshonor.

SANCHO   ¡Estraño pensamiento!

1085   DON TELLO   Yo no sé dónde está, porque, a sabello,
os la diera, por vida de don Tello.

Sale Elvira, y pónese en medio don Tello.

ELVIRA   Sí sabe, esposo; que aquí
me tiene Tello escondida.

SANCHO   ¡Esposa, mi bien, mi vida!

---

53 **Pésame gravemente** *I am extremely sorry*
54 **haré açotar** *I will have them whipped*
55 **Mis celos…** *My jealous feelings are emerging*

1090	DON TELLO	¡Esto has hecho contra mí?
	SANCHO	¡Ay, cuál estuve por ti!⁵⁶
	NUÑO	¡Ay, hija, cuál me has sentido!⁵⁷
		El juicio° tuve perdido.
	DON TELLO	¡Teneos,° apartaos, villanos!
1095	SANCHO	Déjame tocar sus manos;
		mira que soy su marido.
	DON TELLO	¡Celio, Julio! ¡Hola, criados,
		estos villanos matad!
	FELICIANA	Hermano, con más piedad;
1100		mira que no son culpados.
	DON TELLO	Cuando estuvieran casados,
		fuera mucho atrevimiento.
		¡Matadlos!
	SANCHO	Yo soy contento
		de morir y no vivir,
1105		aunque es tan fuerte el morir.
	ELVIRA	Ni vida ni muerte siento.
	SANCHO	Escucha, Elvira, mi bien,
		yo me dejaré matar.
	ELVIRA	Yo ya me sabré guardar
1110		aunque mil muertes me den.
	DON TELLO	¿Es posible que se estén
		requebrando?° ¿Hay tal rigor?
		¡Ah, Celio, Julio!

Marginal glosses: sanity; stop; flirting

Salen Celio y Julio.

JULIO	Señor.
DON TELLO	¡Matadlos a palos!°
CELIO	¡Mueran!

Marginal glosses: beat them to death!

*Échanlos a palos.*⁵⁸

---

56 **cuál estuve...** *how I suffered for you!*
57 **cuál me...** *how you have distressed me!*
58 ***Echánlos*** *they beat them away* (and offstage)

1115	DON TELLO	En vano remedio esperan
		tus quejas de mi furor.
		Ya pensamiento tenía
		de volverte, y tan airado°
1120		estoy en ver que has hablado
		con tan notable osadía,°
		que por fuerça has de ser mía,
		o no he de ser yo quien fui.
	FELICIANA	Hermano, que estoy aquí.
	DON TELLO	He de forçalla° o matalla.
1125	FELICIANA	¿Cómo es posible liballa°
		de un hombre fuera de sí?

Right-margin glosses:
- airado° — angry
- osadía° — audacity
- forçalla° — to rape her
- liballa° — to free her

Vanse.

Salen Celio y Julio tras Sancho y Nuño.

	JULIO	Ansí pagan los villanos
		tan grandes atrevimientos.
	CELIO	¡Salgan fuera de Palacio!
	LOS DOS	¡Salgan!

Vanse.

1130	SANCHO	Matadme, escuderos.°
		¡No tuviera yo una espada!
	NUÑO	Hijo, mira que sospecho
		que este hombre te ha de matar,
		atrevido y descompuesto.
1135	SANCHO	Pues, ¿será bueno vivir?
	NUÑO	Mucho se alcança viviendo.
	SANCHO	¡Vive Dios, de no quitarme
		de los umbrales que veo,⁵⁹
		aunque me maten!; que vida

Right-margin gloss:
- escuderos° — squires

---

59 **¡Vive Dios,...** *I swear that no obstacles will stand in my way*

1140   sin Elvira no la quiero.
NUÑO   Vive, y pedirás justicia;
que Rey tienen estos Reinos,
o en grado de apelación[60]
la podrás pedir al cielo.

Sale Pelayo.

PELAYO   Aquí están.
SANCHO   ¿Quién es?
1145 PELAYO   Pelayo,
todo lleno de contento,
que os viene a pedir albricias.[61]
SANCHO   ¿Cómo albricias a este tiempo?
PELAYO   Albricias digo.
SANCHO   ¿De qué,
1150 Pelayo, cuando estoy muerto,
y Nuño espirando?°   expiring (dying)
PELAYO   ¡Albricias!
NUÑO   ¿No conoces a este necio?
PELAYO   Elvira pareció° ya.   **apareció**
SANCHO   ¡Ay padre! ¿Si la habrán vuelto?
1155 ¿Qué dices, Pelayo mío?
PELAYO   Señor, dice todo el puebro°   **pueblo**
que desde anoche a las doce
está en casa de don Tello.
SANCHO   '¡Maldito seas,° amén!   damn you!
1160 PELAYO   Y que tienen por muy cierto
que no la quiere volver.
NUÑO   Hijo, vamos al remedio.
El Rey de Castilla, Alfonso,[62]
por sus valerosos hechos,

---

60 **apelación** *appeal.* Nuño indicates that if the King does not help, Sancho can appeal to the next higher authority, God.

61 **que os...** Pelayo has come to share good news and likely expects to be rewarded.

62 Alfonso VII was King of León and Castilla from 1126 to 1157. See introduction.

1165		reside agora en León.
		Pues es recto° y justiciero, *direct*
		parte° allá y informarásle *leave for*
		deste agravio; que sospecho
		que nos ha de hacer justicia.
1170	SANCHO	¡Ay, Nuño! Tengo por cierto

Pues es recto° y justiciero,   direct

parte° allá y informarásle   leave for

deste agravio; que sospecho

que nos ha de hacer justicia.

SANCHO ¡Ay, Nuño! Tengo por cierto

que el Rey de Castilla, Alfonso,

es un Príncipe perfeto;

mas, ¿por dónde quieres que entre

un labrador tan grosero?°   common

¿Qué corredor° de Palacio   hallway

osará° mi atrevimiento   would dare

pisar? ¿Qué portero,° Nuño,   doorman

permitirá que entre dentro?

Allí, a la tela, al brocado,

al grave acompañamiento°   retinue

abren las puertas, si tienen

razón, que yo lo confieso.

Pero a la pobreza, Nuño,

sólo dejan los porteros

que miren las puertas y armas,

y esto ha de ser desde lejos.

Iré a León y entraré

en Palacio, y verás luego

cómo imprimen en mis hombros

de la cuchilla los cuentos.[63]

Pues, ¡andar con memoriales,°   petitions

que toma el Rey! ¡Santo y bueno!

Haz cuenta que, de sus manos,

en el olvido cayeron.

Volveréme habiendo visto

las damas y Caballeros,

la Iglesia, el Palacio, el Parque,

---

63   **de la…** *the dull side of the lance blade.* In their edition, Casa and Primorac indicate that noblemen were unable to stain their worthy swords with the lowly blood of peasants.

los edificios... y pienso
que traeré de allá mal gusto
1200   para vivir entre tejos,
robles y encinas,⁶⁴ adonde
canta el ave y ladra el perro.
No, Nuño, 'no aciertas bien.°   you are incorrect

NUÑO   Sancho, yo sé bien si acierto.
1205   Ve a hablar al Rey Alfonso;
que si aquí te quedas, pienso
que te han de quitar la vida.

SANCHO   Pues eso, Nuño, deseo.

NUÑO   Yo tengo 'un rocín castaño,°   a brown, old horse
1210   que apostará con el viento
sus crines contra sus alas,
sus clavos contra su freno.⁶⁵
Parte en él, y irá Pelayo
en aquel pequeño overo⁶⁶
1215   que suele llevar al campo.

SANCHO   Por tu gusto te obedezco.
Pelayo, ¿irás tú conmigo
a la Corte?

PELAYO   Y tan contento
de ver lo que nunca he visto,
1220   Sancho, que los pies te beso.
Dícenme acá, de la Corte,
que con huevos y torreznos°   pieces of bacon
empiedran° todas las calles,   they pave
y tratan los forasteros°   strangers
1225   como si fueran de Italia

---

64 **entre tejos...** *in the midst of yew, oak, and evergreen oak trees.* Galicia is commonly associated with green forests, hence the continuous references to trees throughout this *comedia.*

65 **que apostará...** Underhill translates this verse as "that he will wager his mane against the wings of the wind and lay his hoofs against the bridle" (146). In other words, Nuño's old horse is still very fast.

66 **aquel pequeño...** *that peach-colored horse*

	de Flandes o de Marruecos.[67]	
	Dicen que es una talega°	bag
	donde junta los trebejos°	chess pieces
	para jugar la fortuna,	
1230	tanto blancos como negros.	
	Vamos, por Dios, a la Corte.	
SANCHO	Padre, a Dios; partirme quiero.	
	Échame tu bendición.	
NUÑO	Hijo, pues eres discreto,	
1235	habla con ánimo al Rey.	
SANCHO	Tú sabrás mi atrevimiento.	
	Partamos.	
NUÑO	¡A Dios, mi Sancho!	
SANCHO	¡A Dios, Elvira!	
PELAYO	¡A Dios puercos!	

Vanse y salen Tello y Feliciana.

DON TELLO	¡Que no pueda conquistar
1240	desta mujer la belleza!
FELICIANA	Tello, no hay que porfiar,
	porque es tanta su tristeza
	que no deja de llorar.
	Si en esa torre la tienes,
1245	¿es posible que no vienes
	a considerar mejor
	que, aunque te tuviera amor,
	te había de dar desdenes?
	Si la tratas con crueldad,
1250	¿cómo ha de quererte bien?
	Advierte que es necedad
	tratar con rigor a quien
	se llega a pedir piedad.
DON TELLO	¡Que sea tan desgraciado

---

67 This alludes to the commercial activity done between Spain and these countries.

1255	que me vea despreciado,	
	siendo aquí el más poderoso,	
	el más rico y dadivoso!°	generous
FELICIANA	No te dé tanto cuidado,[68]	
	ni estés por una villana	
	tan perdido.	
1260	DON TELLO ¡Ay, Feliciana,	
	que no sabes qué es amor,	
	ni has probado su rigor!	
FELICIANA	Ten paciencia hasta mañana;	
	que yo la tengo de hablar,	
1265	a ver si puedo ablandar°	to soften up
	esta mujer.	
DON TELLO	Considera	
	que no es mujer, sino fiera,	
	pues me hace tanto penar.°	to agonize
	Prométela plata y oro,	
1270	joyas y cuánto quisieres.	
	Di que la daré un tesoro;	
	que a dádivas,° las mujeres	gifts
	suelen guardar más decoro.	
	Dile que la regalaré,	
1275	y dile que la daré	
	un vestido tan galán	
	que gaste el oro a Milán	
	desde su cabello al pie;	
	que si remedia mi mal,	
1280	la daré hacienda y ganado,	
	y que, si fuera mi igual,	
	que ya me hubiera casado.[69]	
FELICIANA	¿Posible es que diga tal?	
DON TELLO	Sí, hermana, que estoy de suerte	
1285	que me tengo de dar muerte,	
	o la tengo de gozar,	

---

68 **No te...** *don't worry so much*

69 This verse is missing from *Parte XXI*, so we include it from the *Suelta* manuscript.

       y de una vez acabar
       con dolor tan grave y fuerte.

FELICIANA   Voy a hablarla, aunque es en vano.

DON TELLO ¿Por qué?

1290 FELICIANA   Porque una mujer
       que es honrada, es caso llano°   evident
       que no la podrá vencer
       ningún interés humano.

DON TELLO   Ve presto, y da a mi esperança
1295   alivio; que si no alcança
       mi fe lo que ha pretendido,
       el amor que le he tenido
       'se ha de trocar° en vengança.   will change

Vanse.

Sale el Rey y el Conde y Don Enrique y acompañamiento.

REY   Mientras que se apercibe
1300   mi partida a Toledo, y me responde
       el de Aragón,⁷⁰ que vive
       ahora en Zaragoça, sabed,° Conde,   find out
       si están ya despachados°   dispatched
       todos los pretendientes y soldados;
1305   y mirad si hay alguno
       también que quiera hablarme.

CONDE   No ha quedado
       por despachar ninguno.

D. ENRIQUE Un labrador gallego he visto echado
       a esta puerta, y bien triste.

1310 REY   Pues, ¿quién a ningún pobre la resiste?
       Id, Enrique de Lara,
       y traedle vos mismo a mi presencia.

---

70 **el de Aragón** Alfonso I, King of Aragón and Navarra. Alfonso I, Alfonso VII's father-in-law, was famous for conquering Zaragoza from the Moors in 1118.

Vase [Don] Enrique.

CONDE	¡Virtud heroica y rara!
	¡Compasiva piedad, suma clemencia!
1315	¡Oh ejemplo de los Reyes,
	divina observación de santas leyes!

Salen [Don] Enrique, Sancho y Pelayo.

DON ENRIQUE   Dejad las açagayas.°   small lances

SANCHO   A la pared, Pelayo, las arrima.°   lean

PELAYO   Con pie derecho vayas.

SANCHO   ¿Cuál es el Rey, señor?

1320 DON ENRIQUE   Aquel que arrima
la mano agora al pecho.

SANCHO   Bien puede, de sus obras satisfecho.
Pelayo, 'no te asombres.°   don't be scared

PELAYO   Mucho tienen los Reyes del Invierno;
1325 que hacen temblar los hombres.

SANCHO   Señor...

REY   Habla, sosiega.°   calm down

SANCHO   Que el gobierno
de España agora tienes...

REY   Dime quién eres y de dónde vienes.

SANCHO   Dame a besar tu mano,
1330 porque ennoblezca mi grosera boca,
Príncipe soberano;
que si mis labios, aunque indignos, toca,
yo quedaré discreto.

REY   ¿Con lágrimas la bañas? ¿A qué efeto?

1335 SANCHO   Mal hicieron mis ojos,
pues propuso la boca su querella,°   complaint
y quieren darla enojos,
para que puesta vuestra mano en ella,
diera justo castigo
1340 a un hombre poderoso, mi enemigo.

REY   Esfuérçate° y no llores;   be brave
               que aunque en mí la piedad es muy propicia,° favorable
               para que no lo ignores,
               también doy atributo a la justicia.
1345   Di quién te hizo agravio;
               que quien al pobre ofende, nunca es sabio.

SANCHO   Son niños los agravios,
               y son padres los Reyes: no te espantes
               que hagan con los labios,
1350   en viéndolos, pucheros° semejantes.   pouting expression

REY   Discreto me parece:
               primero que se queja 'me enternece.°   he moves me

SANCHO   Señor, yo soy hidalgo,
               si bien pobre: mudanças° de fortuna,   changes
1355   porque con ellas salgo
               desde el calor de mi primera cuna.°   crib
               Con este pensamiento,
               quise mi igual en justo casamiento.
               Mas, como siempre yerra°   errs
1360   quien de su justa obligación se olvida,
               al señor desta tierra,
               que don Tello de Neira se apellida,
               con más llaneza que arte,
               pidiéndole licencia, le di parte.
1365   Liberal la concede,
               y en las bodas me sirve de padrino;
               mas el amor, que puede
               obligar al más cuerdo° a un desatino,°   sensible, folly
               le ciega y enamora,
1370   señor, de mi querida labradora.
               No deja desposarme,
               y aquella noche con armada gente
               la roba, sin dejarme,
               vida que viva, protección que intente,
1375   fuera de vos y el cielo,
               a cuyo Tribunal sagrado apelo.°   I appeal

Que, habiéndola pedido
con lágrimas su padre y yo, tan fiero,
señor, ha respondido,
1380 que vieron nuestros pechos el acero,
y, siendo hidalgos nobles,
las ramas, las entrañas de los robles.

REY   Conde.

CONDE   Señor.

REY   Al punto
tinta° y papel. Llegadme aquí una silla.   ink

Sacan un bufete y recado de escribir,[71]
y siéntase el Rey a escribir.

1385 CONDE   Aquí está todo junto.

SANCHO   ¡Su gran valor espanta y maravilla!
Al rey hablé, Pelayo.

PELAYO   Él es hombre de bien, ¡voto a mi sayo!°   jacket

SANCHO   ¿Qué entrañas hay crüeles
para el pobre?

1390 PELAYO   Los Reyes Castellanos
deben de ser Ángeles.

SANCHO   ¿Vestidos no los ves como hombres llanos?

PELAYO   De otra manera había
un Rey que Tello en un tapiz° tenía: tapestry
1395   la cara abigarra[r]a°   multi-colored
y la calça° caída a media pierna,   pants
y en la mano una vara,°   staff
y un tocado° a manera de linterna,°   head dress, torch
con su corona° de oro,   crown
1400 y un barboquejo,[72] como Turco o Moro.
Yo preguntéle a un paje°   page
quién era aquel señor de tanta fama,
que me admiraba el traje;

---

71 **Sacan un...** *They take out a small desk and writing necessities*
72 **barboquejo** is a ribbon used to tie the bottom of one's beard

		y respondióme: "El Rey Baúl se llama."	
1405	SANCHO	¡Necio! Saúl[73] diría.	
	PELAYO	[Baúl, cuando al Badil] matar quería.	
	SANCHO	David, su yerno era.	
	PELAYO	Sí; que en la Igreja° predicaba el Cura	iglesia
		que le dio en la mollera°	head
1410		con una de Moisén lágrima dura[74]	
		a un Gigante que Olía.	
	SANCHO	Golías,[75] bestia.	
	PELAYO	El Cura lo decía.	

Acaba el Rey de escribir.

	REY	Conde, esa carta cerrad.	
		¿Cómo es tu nombre, buen hombre?	
1415	SANCHO	Sancho, señor, es mi nombre,	
		que a los pies de tu piedad	
		pido justicia de quien	
		en su poder confiado,	
		a mi mujer me ha quitado,	
1420		y me quitara también	
		la vida, si no me huyera.	
	REY	¿Qué° es hombre tan poderoso	quién
		en Galicia?	
	SANCHO	Es tan famoso,	
		que desde aquella ribera	
1425		hasta la Romana torre	
		de Hércules[76] es respetado;	

---

73   Saul was the first King of the ancient Kingdom of Israel.

74   In his *Tesoro de la lengua castellana o española* (1611), Covarrubias explains that the notion of **lágrimas de Moysén** stems from the fact that God required that people be stoned for committing sins. Moses concurred, though being sympathetic to the sinners' pain, he cried (748).

75   The Old Testament (1 Sam. 17) tells how Goliath, the giant Philistine warrior, was defeated by David, who used his sling to hit Goliath in the forehead with a rock.

76   The Tower of Hercules is an ancient Roman lighthouse on the coast of La Coruña.

si está con un hombre airado,°   furious
sólo el cielo le socorre.°   can help him
   Él pone y él quita leyes,
1430 que éstas son las condiciones
de 'soberbios Infançones°   arrogant noblemen
que están lejos de los Reyes.

CONDE   La carta está ya cerrada.°   sealed
REY   Sobreescribidla[77] a don Tello
de Neira.

1435 SANCHO   Del mismo cuello
me quitas, señor, la espada.

REY   Esa carta le darás,
con que te dará tu esposa.

SANCHO   De tu mano generosa,
1440 ¿hay favor que llegue a más?

REY   ¿Veniste a pie?

SANCHO   No, señor,
que en dos rocines venimos
Pelayo y yo.

PELAYO   Y 'los corrimos°   we rode them
como el viento, y aun mijor.°   **mejor**
1445   Verdad es que tiene el mío
unas 'mañas no muy buenas:°   bad habits
déjase subir apenas,[78]
échase° en arena o río,   throws himself
   corre como un maldiciente,°   slanderer
1450 come más que un estudiante,
y en viendo un mesón° delante,   inn
o se entra o se para enfrente.

REY   Buen hombre sois.

PELAYO   Soy, en fin,
quien por vos su patria deja.

1455 REY   ¿Tenéis vos alguna queja?

PELAYO   Sí, señor, deste rocín.

---

77 **Sobreescribidla** *write on the outside of it*
78 **déjase subir...** *he hardly lets anyone mount him*

REY	Digo, que os cause cuidado.°	worry
PELAYO	Hambre tengo, si hay cocina	
	por acá...	
REY	¿Nada os inclina	
1460	de cuanto aquí veis colgado,	
	que a vuestra casa llevéis?	
PELAYO	No hay allá donde ponello:	
	enviádselo a don Tello,	
	que tien° desto cuatro o seis.	**tiene**
1465 REY	¡Qué gracioso° labrador!	amusing
	¿Qué sois allá en vuestra tierra?	
PELAYO	Señor, ando por la sierra,	
	cochero° soy del señor.	coachman
REY	¿Coches hay allá?	
PELAYO	Que no;	
1470	soy, que guardo los cochinos.	
REY	¡Qué dos hombres peregrinos°	bizarre
	aquella tierra juntó,	
	aquél con tal condición	
	y éste con tanta ignorancia!	
	Tomad vos.	

Danle un bolsillo.

1475 PELAYO	No es de importancia.	
REY	Tomadlos, doblones° son.	gold coins
	Y vos, la carta tomad.	
	Y id en buen hora.	
SANCHO	Los cielos	
	te guarden.	

Va[n]se el Rey y los Caballeros.

PELAYO	¡Hola! Tomélos.
SANCHO	¿Dineros?
1480 PELAYO	Y en cantidad.

SANCHO	¡Ay, mi Elvira! Mi ventura°	happiness
	se cifra° en este papel,	is encoded
	que pienso que llevo en él	
	librança° de tu hermosura.	bill of exchange

Vanse y sale[n] don Tello y Celio.

1485 CELIO Como me mandaste, fui
a saber de aquel villano,
y aunque lo negaba Nuño,
me lo dijo amenaçado.
No está en el valle, que ha° días   **hace**
que anda ausente.

1490 DON TELLO   ¡Estraño caso!

CELIO Dice que es ido a León.

DON TELLO ¡A León!

CELIO   Y que Pelayo
le acompañaba.

DON TELLO   '¿A qué efeto?°   for what reason?

CELIO A hablar al Rey.

DON TELLO   ¿En qué caso?
1495 Él no es de Elvira marido.
Yo ¿porque le hago agravio?
Cuando° se quejara Nuño,   **si**
estuviera disculpado,°   forgiven
pero ¡Sancho!

CELIO   Esto me han dicho
1500 pastores° de tus ganados;   shepherds
y como el moço es discreto,
y tiene amor, 'no me espanto,°   I am not surprised
señor, que se haya atrevido.

DON TELLO ¿Y no habrá más de en llegando
1505 hablar a un Rey de Castilla?

CELIO Como Alfonso 'se ha criado°   grew up
en Galicia con el Conde

don Pedro de Andrada y Castro,[79]
no le negará la puerta,
1510   por más que sea hombre bajo,°   *low class, common*
a ningún Gallego.

Llaman.

DON TELLO   Celio,
mira quién está llamando.
¿No hay pajes en esta sala?
CELIO   ¡Vive Dios, señor, que es Sancho,
1515   este mismo labrador
de quien estamos hablando!
DON TELLO ¿Hay mayor atrevimiento?°   *daring*
CELIO   Así vivas muchos años,
que veas lo que te quiere.
1520 DON TELLO Di que entre, que aquí le aguardo.°   *I wait*

Entran.

SANCHO   Dame, gran señor, los pies.
DON TELLO ¿Adónde, Sancho, has estado,
que ha días que no te he visto?
SANCHO   A mí me parecen años.
1525 Señor, viendo que tenías,
sea porfía° en que has dado,   *insistence*
o sea amor, a mi Elvira,
fui [a] hablar al Rey Castellano,
como supremo juez
1530 para 'deshacer agravios.°   *to right wrongs*
DON TELLO Pues, ¿qué dijiste de mí?

---

79 While the *Crónica General de España* confirms that Alfonso VII grew up in Galicia, the historical document lists Don Pedro Froilaz as the future King's advisor (*ayo*). Don Pedro de Andrada y Castro, conde de Lemos, was Lope de Vega's friend and sometime patron of his literary works. He was one of the most influential men of his time as Philip III's trusted political advisor (**válido** or **favorito**). He died in 1622.

Sancho	Que habiéndome yo casado,
	me quitaste mi mujer.
Don Tello	¿Tu mujer? ¡Mientes,[80] villano!
	¿Entró el Cura aquella noche?
Sancho	No, señor, pero de entrambos°
	sabía las voluntades.°
Don Tello	Si nunca os tomó las manos,
	¿cómo puede ser que sea
	matrimonio?
Sancho	Yo no trato
	de si matrimonio o no.
	Aquesta carta me ha dado,
	toda escritura de su letra.
Don Tello	De cólera° estoy temblando.

between us (line 1536)
our desire to marry (line 1537)
rage (line 1543)

Lee.

"En recibiendo ésta, daréis a ese
pobre labrador la mujer que le habéis
quitado, sin réplica° ninguna; y advertid   *objection*
que los buenos vasallos° se conocen   *vassals*
lejos de los Reyes, y que los Reyes nunca
están lejos para castigar los malos. EL REY."[81]

	Hombre, ¿qué has traído aquí?
Sancho	Señor, esa carta traigo
	que me dio el Rey.
Don Tello	¡Vive Dios,
	que de mi piedad me espanto![82]
	¿Piensas, villano, que temo
	tu atrevimiento en mi daño?° *disfavor*
	¿Sabes quién soy?

Line numbers: 1535, 1540, 1545, 1550

---

80   **¡Mientes!** *you lie!* In medieval and early modern Spain, to accuse someone of lying was extremely insulting.

81   This letter was written and read out loud in prose.

82   **mi piedad...** *my compassion scares me!*

SANCHO   Sí, señor,
                    y en tu valor confiado,
                    traigo esta carta, que fue,
                    no, cual piensas, en tu agravio,
1555   sino carta de favor[83]
                    del señor Rey Castellano,
                    para que me des mi esposa.

DON TELLO   Advierte que, respetando
                    la carta, a ti al que viene
                    contigo...

1560 PELAYO   ¡San Blas! ¡San Pablo![84]

DON TELLO   ...no os cuelgo de dos almenas.°   battlements

PELAYO   Sin ser día de mi santo,
                    es muy 'bellaca señal.°   villainous sign

DON TELLO   Salid luego de Palacio,
1565   y 'no paréis° en mi tierra,   don't stop
                    que os haré matar a palos.
                    Pícaros, villanos, gente
                    de solar humilde y bajo,[85]
                    ¡conmigo...!

PELAYO   Tiene razón;
1570   que es mal hecho haberle dado
                    ahora esa pesadumbre.°   grief

DON TELLO   Villano, si os he quitado
                    esa mujer, soy quien soy,
                    y aquí reino en lo que mando,
1575   como el Rey en su Castilla;
                    que no deben mis pasados
                    a los suyos esta tierra;
                    que a los Moros la ganaron.

PELAYO   Ganáronsela a los Moros,
1580   y también a los Cristianos,

---

83   **carta de favor** royal letter of support

84   Pelayo's exclamations have evolved from the comical to those with a more serious tone when he evokes the names of Saints.

85   **de solar...** *of humble and lowly lineage*

	y no debe nada al Rey.	
Don Tello	Yo soy quien soy...	
Pelayo	¡San Macario!	
	¡Qué es aquesto!	
Don Tello	Si no tomo	
	vengança con propias manos...	
1585	¡Dar a Elvira! ¡Qué es a Elvira!	
	¡Matadlos! Pero... dejadlos;	
	que en villanos es afrenta	
	manchar el acero hidalgo.	
Pelayo	No le manche, por su vida.	

Vase.

Sancho	¿Qué te parece?	
1590 Pelayo	Que estamos	
	desterrados° de Galicia.	banished
Sancho	'Pierdo el seso° imaginando	I am losing my mind
	que éste no obedezca al Rey	
	por tener cuatro vasallos.	
	Pues ¡vive Dios...!	
1595 Pelayo	Sancho, tente,°	hold on
	que siempre es consejo sabio,	
	ni pleitos° con poderosos	lawsuits
	ni amistades con criados.	
Sancho	Volvámonos a León.	
1600 Pelayo	Aquí los doblones traigo	
	que me dio el Rey; vamos luego.	
Sancho	Diréle lo que ha pasado.	
	¡Ay, mi Elvira! ¡Quién te viera!	
	Salid, suspiros, y en tanto	
1605	que vuelvo, decid que muero	
	de amores.	
Pelayo	Camina, Sancho,	
	que éste no ha gozado a Elvira.	
Sancho	¿De qué lo sabes, Pelayo?	

PELAYO   De que nos la hubiera vuelto
1610   cuando la hubiera gozado.[86]

Vanse.

---

86   **De que...** *because he would have returned her if he had possessed her*

Acto Tercero

Sale[n] el Rey y el Conde y Don Enrique.

REY   El cielo sabe, Conde, cuanto estimo
                 las amistades° de mi madre.   peace agreement

CONDE   Estimo
                 esas razones, gran señor; que en todo
                 muestras valor divino y soberano.

1615   REY   Mi madre gravemente me ha ofendido;[87]
                 mas considero que mi madre ha sido.

Salen Sancho y Pelayo.

PELAYO   Digo que puedes llegar.

SANCHO   Ya, Pelayo, viendo estoy
                 a quien toda el alma doy,
1620   que no tengo más que dar:
                   aquel Castellano Sol,
                 aquel piadoso Trajano,
                 aquel Alcides Cristiano
                 y aquel César Español.[88]

1625   PELAYO   Yo, que no entiendo de historia[s]

---

87 Alfonso VII's mother, Urraca, had endeavored to impede her son's ascendance to the throne. They made amends in 1123. See introduction.

88 Trajan was a Roman emperor (98-117AD) best known for funding the construction of public buildings in Rome. The comparison of Alfonso VII to Trajan, Alcides, and Caesar illustrates the superior qualities of the Spanish King.

	de Kiries,[89] son de marranos,[90]	
	estó° mirando en sus manos,	**estoy**
	mas que tien rayas, vitorias.[91]	
	Llega y a sus pies 'te humilla,°	bow
1630		besa aquella huerte° mano.	**fuerte**
SANCHO	Emperador[92] soberano,	
	invicto° Rey de Castilla,	invincible
	déjame besar el suelo	
	de tus pies, que por almohada	
1635		han de tener a Granada	
	presto,° con favor del cielo,	soon
	y por alfombra a Sevilla,	
	sirviéndoles de colores	
	las naves y varias flores	
1640		de su siempre hermosa orilla.	
	¿Conócesme?[93]	
REY	Pienso que eres	
	un Gallego labrador	
	que aquí me pidió favor.	
SANCHO	Yo soy, señor.	
REY	'No te alteres.°	don't get upset.
1645	SANCHO	Señor, mucho me ha pesado	
	de volver tan atrevido	
	a darte enojos; no ha sido	
	posible haberlo escusado.[94]	
	Pero, si yo soy villano	

---

89   Kyrie, from Greek, refers to the prayer that is repeated in the Catholic mass, "Lord, have mercy." Hence, Pelayo expresses how he still doesn't understand those previously stated references that he has heard before.

90   Jews or those of Jewish descent were dubbed **marranos**, a pejorative word associated with pigs that denotes filthiness.

91   **mas que...** *he has more victories than lines on his hands*

92   Alfonso VII was also known as **el Emperador**, an imperial title that he assumed from his grandfather, Alfonso VI, and one that he ceremoniously reaffirmed in 1135 after the death of his father-in-law, Alfonso I of Aragón.

93   **¿Conocesme?** *do you recognize me?*

94   **no ha...** *it has not been possible to avoid it*

1650 en la porfía, señor,
tú serás Emperador,
tú serás César Romano,
    para perdonar a quien
pide a 'tu clemencia Real°   your royal clemency
justicia.

1655 REY   Dime tu mal,
y advierte que te oigo bien;
    porque el pobre para mí,
tiene cartas de favor.

SANCHO   La tuya, invicto señor
1660 a Tello en Galicia di,
    para que, como era justo,
me diese mi prenda amada.
Leída y no respetada,
causóle mortal disgusto,
1665   y no sólo no volvió,
señor, la prenda que digo,
pero con nuevo castigo
el porte della me dio;[95]
    que a mí y a este labrador,
1670 nos trataron 'de tal suerte,°   in such a manner
que fue escapar de la muerte
dicha y milagro, señor.
    'Hice algunas diligencias,°   I took some steps
por no volver a cansarte,
1675 pero ninguna fue parte
a mover sus resistencias.
    Hablóle el Cura, que allí
tiene mucha autoridad,
y un santo y bendito Abad°   abbot
1680 que tuvo piedad de mí,
    y en San Pelayo de Samos[96]

---

95 **pero con...** *but he bestowed a new punishment upon me*
96 **San Pelayo de Samos** was a Benedictine monastery and residence of Alfonso VII and his mother, Urraca.

reside; pero mover
su pecho° no pudo ser,   heart
ni todos juntos bastamos.

1685   No me dejó que la viera,
que aún eso me consolara;
y así, vine a ver tu cara,
y a que justicia me hiciera
     la imagen de Dios, que en ella
1690   resplandece,° pues la imita.   shines

REY   Carta de mi mano escrita...
¿Mas que debió de rompella?

SANCHO   Aunque por moverte a ira
dijera 'de sí° algún sabio,   que sí
1695   no quiera Dios que mi agravio
te indigne con la mentira.
     Leyóla y no la rompió.
Mas, miento, que fue rompella
leella y no hacer por ella
1700   lo que su Rey le mandó.
     En una tabla su Ley
escribió Dios:[97] ¿no es quebrar
la tabla el no la guardar?
Así el mandato de Rey,
1705   porque para que se crea
que es infiel, se entiende así:
que lo que se rompe allí,
basta que el respeto sea.

REY   No es posible que no tengas
1710   buena sangre, aunque te afligen
trabajos, y que de origen
de nobles personas vengas,
     como muestra tu buen modo
de hablar y de proceder.
1715   Ahora bien, yo he de poner

---

97   God inscribed his Ten Commandments with his finger on two stone tablets.

de una vez remedio en todo.
        Conde...

CONDE   Gran señor...

REY   Enrique...

D. ENRIQUE Señor...

REY   Yo he de ir a Galicia,
que me importa hacer justicia.

1720 Y aquesto no se publique.

CONDE   Señor...

REY   ¡Qué me replicáis!⁹⁸
Poned del Parque a las puertas
las postas.°   the necessary horses

CONDE   Pienso que abiertas
al vulgo se las dejáis.

1725 REY   Pues, ¿cómo lo han de saber,
si enfermo dicen que estoy
los de mi cámara?°   chamber

D. ENRIQUE   Soy
de contrario parecer.°   opinion

REY   Ésta es ya resolución.
No me repliquéis.

1730 CONDE   Pues sea
'de aquí a dos días,° y vea   two days from now
Castilla la prevención
        de vuestra melancolía.

REY   Labradores...

SANCHO   Gran señor...

1735 REY   Ofendido de rigor,
de la violencia y porfía
        de don Tello, yo en persona
le tengo de castigar.

SANCHO   ¡Vos, señor! Sería humillar

1740 al suelo vuestra corona.

REY   Id delante, y prevenid°   prepare

98 **¡Qué me...** *you dare challenge me!*

de vuestro suegro la casa,
sin decirle lo que pasa,
ni a hombre humano, y advertid
que esto es pena de la vida.

1745

SANCHO   Pues ¿quién ha de hablar, señor?
REY   Escuchad vos, labrador.
           Aunque todo el mundo os pida
               que digáis quien soy, decid
1750   que un hidalgo Castellano,
           puesta en la boca la mano
           desta manera... advertid,
               porque no habéis de quitar
           de los labios los dos dedos.

1755 PELAYO   Señor, los tendré tan quedos,°   still
           que no osaré bostezar.°   to yawn
               Pero, su merced, mirando
           con piedad mi suficiencia,°   needs
           me ha de dar una licencia
1760   de comer 'de cuando en cuando.°   once in a while
REY   No se entiende que has de estar
           siempre la mano en la boca.
SANCHO   Señor, mirad que no os toca
           tanto mi bajeza honrar.
1765   Enviad, que es justa ley,
           para que haga justicia,
           algún Alcalde° a Galicia.   judge
REY   El mejor Alcalde, el Rey.

Vanse todos y sale[n] Nuño y Celio.

NUÑO   En fin, ¿que podré verla?
CELIO   Podréis verla;
1770   don Tello, mi señor, licencia ha dado.
NUÑO   ¿Qué importa, cuando soy tan desdichado?° unfortunate
CELIO   No tenéis qué temer, que ella resiste
           con gallardo valor y valentía

de mujer, que es mayor cuando porfía.

1775 NUÑO Y ¿podré yo creer que honor mantiene
mujer que en su poder un hombre tiene?

CELIO Pues es tanta verdad, que si quisiera
Elvira que su esposo Celio fuera,
tan seguro con ella me casara
1780 como si en vuestra casa la tuviera.

NUÑO ¿Cuál decís que es la reja?°   grilled window

CELIO   Hacia esta parte
de la torre se mira una ventana,
donde se ha de poner, como me ha dicho.

NUÑO Pare[ce] que allí veo un blanco bulto,°   shape
1785 si bien ya con la edad lo dificulto.

CELIO Llegad; que yo me voy, porque si os viere,
no me vean a mí, que lo he traçado,°   planned
de vuestro injusto amor importunado.°   pleaded

Vase Celio y sale Elvira.

NUÑO ¿Eres tú, mi desdichada
hija?

1790 ELVIRA   ¿Quién, sino yo, fuera?

NUÑO Ya no pensé que te viera,
no por presa° y encerrada,   prisoner
sino porque deshonrada
te juzgué siempre en mi idea;
1795 y es cosa tan torpe° y fea   obscene
la deshonra en el honrado,
que aun a mí, que el ser te he dado,
me obliga a que no te vea.
¡Bien el honor heredado
1800 de tus pasados guardaste,
pues que tan presto quebraste
su cristal tan estimado!
Quien tan mala cuenta ha dado

	de sí,⁹⁹ padre no me llame;	
1805	porque hija tan infame°	dishonorable
	—y no es mucho que esto diga—	
	solamente a un padre obliga	
	a que su sangre derrame.°	spill
ELVIRA	Padre, si en desdichas° tales	misfortunes
1810	y en tan continuos desvelos,°	insomnia
	los que han de dar los consuelos°	solace
	vienen a aumentar los males,	
	los míos serán iguales	
	a la desdicha en que estoy;	
1815	porque si tu hija soy	
	y el ser que tengo me has dado,	
	es fuerça haber heredado	
	la nobleza que te doy.	
	Verdad es que este tirano	
1820	ha procurado° vencerme;	attempted
	yo he sabido defenderme	
	con un valor más que humano;	
	y puedes estar ufano°	proud
	de que he de perder la vida	
1825	'primero que° este homicida°	before, murderer
	llegue a triunfar de mi honor,	
	aunque con tanto rigor	
	aquí me tiene escondida.	
NUÑO	Ya del estrecho celoso,¹⁰⁰	
1830	hija, 'el coraçón ensancho.°	my heart swells
ELVIRA	¿Qué se ha hecho¹⁰¹ el pobre Sancho,	
	que solía ser mi esposo?¹⁰²	
NUÑO	Volvió a ver aquel famoso	
	Alfonso, Rey de Castilla.	
1835 ELVIRA	Luego, ¿no ha estado en la villa?	

---

99 **Quien tan...** *you who has so discredited herself*
100 **Ya del...** *because of my fearful suspicion*
101 **¿Qué se...** *What has become of*
102 **que solía...** *who considered himself to be my husband*

NUÑO	Hoy esperándole estoy.
ELVIRA	Y yo que le maten hoy.
NUÑO	Tal crueldad 'me maravilla.°
ELVIRA	Jura de hacerle pedaços.
NUÑO	Sancho se sabrá guardar.
ELVIRA	¡Oh, quién se pudiera echar
	de aquella torre a tus braços!
NUÑO	Desde aquí con mil abraços
	te quisiera recibir.
ELVIRA	Padre, yo me quiero ir,
	que me buscan. Padre, a Dios.
NUÑO	No nos veremos los dos;
	que yo me voy a morir.

surprises me

1840

1845

Vase Elvira y sale don Tello.

DON TELLO	¿Qué es esto? ¿Con quién habláis?
NUÑO	Señor, a estas piedras digo
	mi dolor, y ellas conmigo
	sienten cuán° me tratáis;
	que, aunque vos las imitáis
	en dureza, mi desvelo
	huye siempre del consuelo
	que anda a buscar mi tristeza;
	y aunque es tanta su dureza,
	piedad les ha dado el cielo.
DON TELLO	Aunque más forméis, villanos,
	quejas, llantos e invenciones,
	la causa de mis pasiones
	no ha de salir de mis manos.
	Vosotros sois los tiranos,
	que no la queréis rogar°
	que dé a mi intento° lugar;
	que yo, que la adoro y quiero,
	¿cómo puede ser, si muero,
	que pueda a Elvira matar?

how

to beg

intention

1850

1855

1890

1895

		¿Qué señora presumís	
1900		que es Elvira? ¿Es más agora	

                    ¿Qué señora presumís
1900   que es Elvira? ¿Es más agora
                    de una pobre labradora?
                    Todos del campo vivís;
                    mas pienso que bien decís,
                    mirando la sujeción°   subjection
1905   del humano coraçón;
                    que no hay mayor señorío°   dominion
                    que pocos años y brío,°   determination
                    hermosura y discreción.
NUÑO   Señor, vos decís muy bien.
                    El cielo os guarde.
1910 DON TELLO   Sí hará,
                    y a vosotros os dará
                    el justo pago también.
NUÑO   ¡Que sufra el mundo que estén
                    sus leyes en tal lugar
1915   que el pobre al rico ha de dar
                    su honor, y decir que es justo!
                    Mas tiene por ley su gusto
                    y poder para matar.

                              Vase.

DON TELLO   Celio...

                         Sale Celio.

CELIO   Señor...
DON TELLO   Lleva luego
1920   donde te he mandado a Elvira.
CELIO   Señor, lo que intentas mira.
DON TELLO   No mira quien está ciego.
CELIO   'Que repares bien° te ruego,   consider it well
                    que forçalla es crueldad.
1925 DON TELLO   Tuviera de mí piedad,

	Celio, y yo no la forçara.	
CELIO	Estimo por cosa rara	
	su defensa y castidad.°	chastity
DON TELLO	No repliques a mi gusto.	
1930	¡Pesar de mi sufrimiento!;	
	que ya es bajo pensamiento	
	el sufrir tanto disgusto.	
	Tarquino[103] tuvo por gusto	
	no esperar tan sola un hora,	
1935	y cuando vino el Aurora,°	dawn
	ya cesaban sus porfías;	
	pues, ¿es bien que tantos días	
	espere a una labradora?	
CELIO	Y, ¿esperarás tú también	
1940	que te den castigo igual?	
	Tomar ejemplo del mal	
	no es justo, sino del bien.	
DON TELLO	Mal o bien, hoy su desdén,°	scorn
	Celio, ha de quedar vencido.	
1945	Ya es tema,° si amor ha sido;	obstinance
	que aunque Elvira no es Tamar,[104]	
	a ella le ha de pesar,	
	y a mí vengarme su olvido.	

Vanse y salen Sancho, Pelayo y Juana.

JUANA	Los dos seáis bien venidos.
1950 SANCHO	No sé cómo lo seremos,
	pero bien sucederá,
	Juana, si lo quiere el cielo.

---

103   Sextus Tarquinius, son of the last King of Rome, raped Lucretia, a married noblewoman. This led to an uprising that eventually ousted him and his family from Rome.

104   The rape of Tamar by her half-brother Amnon is described in 2 Sam. 13. Tamar's brother, Absalom, avenged his sister's dishonor two years later by having Amnon killed during a royal feast.

PELAYO	Si lo quiere el cielo, Juana,	
	sucederá por lo menos...	
1955	que habemos llegado a casa.	
	Y pues que tienen sus piensos°	feed
	los rocines, no es razón	
	que envidia tengamos dellos.	
JUANA	¿Ya nos vienes a matar?	
SANCHO	¿Dónde está señor?	
1960 JUANA	Yo creo	
	que es ido a hablar con Elvira.	
SANCHO	Pues, ¿déjala° hablar don Tello?	**la deja**
JUANA	Allá por una ventana	
	de una torre, dijo Celio.	
1965 SANCHO	¿En torre está todavía?	
PELAYO	No importa, que vendrá presto	
	quien le haga...	
SANCHO	Advierte Pelayo...	
PELAYO	Olvidéme de los dedos.	
JUANA	Nuño viene.	

Sale Nuño.

SANCHO	¡Señor mío...!	
NUÑO	Hijo, ¿cómo vienes?	
1970 SANCHO	Vengo	
	más contento a tu servicio.	
NUÑO	¿De qué vienes más contento?	
SANCHO	Traigo un gran pesquisidor.°	judge
PELAYO	Un pesquisidor traemos,	
	que tiene...	
1975 SANCHO	Advierte Pelayo...	
PELAYO	Olvidéme de los dedos.	
NUÑO	¿Viene gran° gente con él?	many
SANCHO	Dos hombres.	
NUÑO	Pues, yo te ruego,	
	hijo, que no intentes nada,	

1980		que será vano tu intento;
		que un poderoso en su tierra,
		con armas, gente y dinero,
		o ha de torcer° la justicia,
		o alguna noche, durmiendo,
1985		matarnos en nuestra casa.
	PELAYO	¿Matar? ¡Oh qué bueno es eso!
		¿Nunca habéis jugado al triunfo?[105]
		Haced cuenta que don Tello
		ha metido la malilla,
1990		pues la espadilla traemos.
	SANCHO	Pelayo, '¿tienes juicio?°
	PELAYO	Olvidéme de los dedos.
	SANCHO	Lo que habéis de hacer, señor,
		es 'prevenir aposento,°
1995		porque es hombre muy honrado.
	PELAYO	Y tan honrado que puedo
		decir...
	SANCHO	¡Vive Dios, villano!
	PELAYO	Olvidéme de los dedos;
		que no habraré más palabra.
2000	NUÑO	Hijo, descansa; que pienso
		que te ha de costar la vida
		tu amoroso pensamiento.
	SANCHO	Antes voy a ver la torre
		donde mi Elvira se ha puesto;
2005		que, como el Sol deja sombra,
		podrá ser que de su cuerpo
		haya quedado en la reja;
		y si, como el Sol traspuesto,°
		no la ha dejado, yo sé
2010		que podrá formarla luego
		mi propia imaginación.

Glosses (right margin):
- torcer° — manipulate
- ¿tienes juicio?° — are you sane?
- prevenir aposento° — prepare a room
- traspuesto° — has crossed over

---

105 **Triunfo** is a card game in which the **malilla** is the second best card and the **espadilla** is the best.

Vase.

NUÑO	¡Qué estraño° amor!
JUANA	Yo no creo
	que se haya visto en el mundo.
NUÑO	Ven acá, Pelayo.
PELAYO	Tengo
	que decir a la cocina.
NUÑO	Ven acá pues.
PELAYO	Luego vuelvo.
NUÑO	Ven acá.
PELAYO	¿Qué es lo que quiere?
NUÑO	¿Quién es este Caballero
	pesquisidor que trae Sancho?
PELAYO	El pecador° que traemos,
	es un... ¡Dios me tenga en buenas!
	es un hombre de buen seso,°
	descolorido,° encendido,
	alto, pequeño de cuerpo,
	la boca por donde come,
	barbirrubio y barbinegro,
	y si no lo miré mal,
	es Médico o quiere serlo,
	porque en mandando que sangren,°
	aunque sea del pescueço...°
NUÑO	¿Hay bestia como éste, Juana?

Sale Brito.

BRITO	Señor Nuño, corre presto,°
	porque a la puerta de casa
	'se apean° tres Caballeros
	de tres hermosos caballos,
	con lindos vestidos nuevos,
	botas, espuelas° y plumas.°
NUÑO	¡Válgame Dios, si son ellos!

Marginal glosses:
- singular
- 2015
- sinner (2020)
- mind
- pale
- 2025
- bloodlet
- neck (2030)
- quickly
- dismount
- 2035
- spurs, feathers

	Mas, ¡pesquisidor con plumas!	
2040 PELAYO	Señor, vendrán más ligeros,	
	porque la recta° justicia,	resolute
	cuando no atiende a cohechos,°	bribes
	tan presto al Concejo° vuelve,	municipality
	como sale del Concejo.	
2045 NUÑO	¿Quién le ha enseñado a la bestia	
	esas malicias?	
PELAYO	¿No vengo	
	de la Corte? ¿Qué se espanta?[106]	

*Vanse Brito y Juana, y salen el Rey y
los Caballeros de camino y Sancho.*

SANCHO	'Puesto que° os vi desde lejos,	even though
	os conocí.	
REY	Cuenta, Sancho	
2050	que aquí no han de conocernos.	
NUÑO	Seáis, señor, bien venido.	
REY	¿Quién sois?	
SANCHO	Es Nuño, mi suegro.	
REY	Estéis en buen hora, Nuño.	
NUÑO	Mil veces los pies os beso.	
2055 REY	Avisad los labradores	
	que no digan a don Tello	
	que viene pesquisidor.	
NUÑO	Cerrados° pienso tenerlos	locked up
	para que ninguno salga.	
2060	Pero, señor, tengo miedo	
	que traigáis dos hombres solos;	
	que no hay en todo este Reino	
	más poderoso señor,	
	más rico ni más soberbio.	
2065 REY	Nuño, 'la vara del Rey°	royal scepter
	hace el oficio del trueno,	

---

106 **¿Qué se...** *why are you so surprised?*

	que avisa que viene el rayo;	
	sólo, como veis, pretendo	
	hacer por el Rey justicia.	
2070 NUÑO	En vuestra presencia veo	
	tan magnánimo valor,	
	que siendo agraviado, tiemblo.	
REY	La información quiero hacer.[107]	
NUÑO	Descansad, señor, primero,	
2075	que tiempo os sobra de hacella.	
REY	Nunca a mí me sobra tiempo.	
	¿Llegastes bueno, Pelayo?	
PELAYO	Sí, señor, llegué muy bueno.	
	Sepa vuesa Señoría...[108]	
REY	¿Qué os dije?	
2080 PELAYO	Póngome el freno.[109]	
	¿Viene bueno su merced?	
REY	Gracias a Dios, bueno vengo.	
PELAYO	A fe, que he de presentalle,°	to give you
	si salimos con el pleito,°	lawsuit
2085	un puerco de su tamaño.	
SANCHO	¡Calla, bestia!	
PELAYO	Pues ¿qué? Un puerco	
	como yo, que soy chiquito.	
REY	Llamad esa gente presto.	

Sale[n] Brito, Fileno, Juana y Leonor.

BRITO	¿Qué es, señor, lo que mandáis?
2090 NUÑO	Si de los valles y cerros
	han de venir los çagales,
	esperaréis mucho tiempo.
REY	Éstos bastan que hay aquí.

---

107 **La información...** *I want to hear testimonies*

108 **Vuestra Señoría** is a title reserved for the high nobility. **Su merced** is less extreme, yet still formal.

109 **El freno** is a bit used to guide a horse.

¿Quién sois vos?

BRITO   Yo, señor bueno,

2095   so° Brito, un çagal del campo.   **soy**

PELAYO   De casado le cogieron
          el principio, y ya es cabrito.

REY   ¿Qué sabéis vos de don Tello
          y del suceso° de Elvira?   incident

2100 BRITO   La noche del casamiento
          la llevaron unos hombres
          que aquestas puertas rompieron.

REY   Y vos, ¿quién sois?

JUANA   Señor, Juana,
          su criada, que sirviendo
2105   estaba a Elvira, a quien ya
          sin honra y sin vida veo.

REY   ¿Y quién es aquel buen hombre?

PELAYO   Señor, Fileno el gaitero:°   flutist
          toca de noche a las brujas
2110   que andan por esos barbechos,
          y una noche le llevaron,
          de donde trujo el asiento
          como ruedas de salmón.[110]

REY   Diga lo que sabe desto.

2115 FILENO   Señor, yo vine a tañer,°   to play
          y vi que mandó don Tello
          que no entrara el señor Cura.
          El matrimonio deshecho,
          se llevó a su casa a Elvira,
2120   donde su padre y sus deudos°   relatives
          la han visto.

REY   ¿Y vos, labradora?

PELAYO   Ésta es Antona de Cueto,
          hija de Pero Miguel
          de Cueto, de quien fue agüelo°   **abuelo**

---

110   **y una...** *and one night they* (the witches) *whipped him such that his buttocks were as red as salmon meat*

2125	Nuño de Cueto, y su tío	
	Martín Cueto, morganero°	organ maker
	del lugar, gente muy nobre;°	**noble**
	tuvo dos tías que fueron	
	brujas, pero ha muchos años,	
2130	y tuvo un sobrino tuerto,°	blind in one eye
	el primero que sembró	
	nabos° en Galicia.	turnips

Rey   Bueno

está aquesto por agora.[111]

Caballeros, descansemos,

2135   para que a la tarde vamos

a visitar a don Tello.

Conde   Con menos información

pudieras tener por cierto

que no te ha engañado Sancho,

2140   porque la inocencia destos,

es 'la prueba más bastante.°   sufficient evidence

Rey   Haced traer de secreto

un Clérigo y un verdugo.°   executioner

Va[n]se el Rey y los Caballeros.

Nuño   Sancho...

Sancho   Señor...

Nuño   Yo no entiendo

2145   este modo de jüez:

sin 'cabeça de proceso°   official process

pide Clérigo y verdugo.

Sancho   Nuño, yo no sé su intento.

Nuño   Con un escuadrón armado

2150   aun no pudiera prenderlo,°   arrest him

cuanto más con dos personas.

Sancho   'Démosle a comer:° que luego   let's feed him

se sabrá si puede o no.

---

111   **Bueno está...** *that's enough for now*

NUÑO   ¿Comerán juntos?

SANCHO   Yo creo

2155   que el jüez comerá solo,
y después comerán ellos.

NUÑO   Escribano° y Alguacil°   notary, constable
deben de ser.

SANCHO   Eso pienso.

Vase.

NUÑO   Juana...

JUANA   Señor...

NUÑO   Adereça°   set out

2160   ropa limpia, y al momento
matarás cuatro gallinas°   hens
y asarás° un buen torrezno.°   will roast, bacon
Y pues estaba pelado,°   skinned
pon aquel 'pavillo nuevo°   young turkey

2165   a que se ase también,
mientras que baja Fileno
a la bodega por vino.

PELAYO   ¡Voto al Sol, Nuño, que tengo
de comer hoy con el jüez!

2170 NUÑO   Éste ya no tiene seso.

Vase.

PELAYO   Sólo es desdicha en los Reyes
comer solos, y por eso
tienen siempre alrededor
los bufones° y los perros.   jesters

Vase.

Sale Elvira, huyendo de don Tello, y Feliciana, deteniéndole.
Sale por una parte y entra por otra.

2175 ELVIRA	¡Favor, cielo soberano,
	pues en la tierra no espero
	remedio!

Vase.

DON TELLO	¡Matarla quiero!
FELICIANA	¡Detén la furiosa mano!
DON TELLO	¡Mira que te he de perder
2180	el respeto, Feliciana!
FELICIANA	Merezca, por ser tu hermana,
	lo que no por ser mujer.
DON TELLO	¡Pese a la loca villana![112]
	¡Que por un villano amor[113]
2185	no respete a su señor,
	de puro soberbia y vana!
	Pues no se canse en pensar
	que se podrá resistir;
	que la tengo de rendir° to overcome
2190	o la tengo de matar.

Vase y sale Celio.

CELIO	No sé si es vano temor,
	señora, el que me ha engañado;
	a Nuño he visto 'en cuidado
	de° huéspedes de valor. attending to
2195	Sancho ha venido a la villa.
	Todos andan con recato;° prudence
	con algún 'fingido trato° secret mission
	le han despachado en Castilla.
	No los he visto jamás
2200	andar con tanto secreto.
FELICIANA	No fuiste, Celio, discreto,

---

112 **Pese a...** *damn this crazy village peasant!*
113 **Que por...** *because of her love for another lowly villager* (Sancho)

si en esa sospecha estás;
que ocasión° no te faltara   opportunity
para entrar y ver lo que es.

2205 CELIO   Temí que Nuño después
de verme entrar se enojara;
que a todos nos quiere mal.

FELICIANA   Quiero avisar a mi hermano
porque tiene este villano
2210 bravo ingenio y natural.[114]
Tú, Celio, quédate aquí
para ver si alguno° viene.   somebody

[Vase Feliciana.]

CELIO   Siempre la conciencia tiene
este temor contra sí;
2215 demás que tanta crueldad
al cielo pide castigo.

Salen el Rey, Caballeros y Sancho.

REY   Entrad y haced lo que digo.
CELIO   ¿Qué gente es ésta?
REY   Llamad.
SANCHO   Éste, señor, es criado
de don Tello.
2220 REY   ¡Ha, hidalgo! Oíd.
CELIO   ¿Qué me queréis?
REY   Advertid
a don Tello que he llegado
de Castilla y quiero hablalle.
CELIO   ¿Y quién diré que sois?
REY   Yo.
CELIO   ¿No tenéis más nombre?
2225 REY   No.

---

114 **bravo ingenio...** *an instinctual and perceptive cleverness*

CELIO   ¡Yo no más, y con buen talle!°   appearance
                  Puesto me habéis en cuidado.°   worry
             Yo voy a decir que Yo
             está a la puerta.

                              Vase.

D. ENRIQUE   Ya entró.
2230 CONDE   Temo que responda airado,
                  y era mejor declararte.
      REY   No era, porque su miedo
             le dirá que sólo puedo
             llamarme Yo en esta parte.

                         Sale Celio.

2235 CELIO   A don Tello, mi señor,
             dije cómo Yo os llamáis,
             y me dice que os volváis,
             que él sólo es Yo por rigor;
                  que quien dijo Yo, por ley
2240   justa del cielo y del suelo,
             es sólo Dios en el cielo,
             y en el suelo sólo el Rey.
      REY   Pues un Alcalde decid
             de su Casa y Corte.

                      Túrbase [Celio].

      CELIO   Iré,
2245   y ese nombre le diré.
      REY   En lo que os digo advertid.

                              Vase.

      CONDE   Parece que el escudero

	se ha turbado.
D. Enrique	El nombre ha sido la causa.
Sancho	Nuño ha venido.

2250 Licencia, señor, espero
　　para que llegue, si es gusto
vuestro.

REY　　　　　Llegue, porque sea
en todo lo que desea
parte, de lo que es tan justo,
2255　　como del pesar lo ha sido.

SANCHO Llegad, Nuño, y desde afuera
mirad.

Sale[n] Nuño y todos los villanos.

NUÑO　　　Sólo ver 'me altera°　　upsets me
la casa deste atrevido.
　　Estad todos con silencio.
2260 JUANA Habla Pelayo, que es loco.
PELAYO Vosotros veréis cuán poco
de un mármol me diferencio.
NUÑO　　¡Que con dos hombres no más
viniese! ¡Estraño valor!

Sale[n] Feliciana, deteniendo a don Tello,
y los criados.

2265 FELICIANA Mira lo que haces, señor.
Tente, hermano, ¿dónde vas?
DON TELLO ¿Sois, 'por dicha,° hidalgo, vos　　by chance
el Alcalde de Castilla
que me busca?
REY　　　　　'¿Es maravilla?°　　is it so strange?
2270 DON TELLO Y no pequeña, por Dios,
　　si sabéis quién soy aquí.

REY	Pues, ¿qué diferencia tiene del Rey, quien en nombre viene suyo?[115]
DON TELLO	Mucha contra mí.
	Y vos, ¿adónde traéis la vara?
REY	En la vaina está, de donde 'presto saldrá,° *it will soon appear* y lo que pasa veréis.
DON TELLO	¿Vara en la vaina? ¡Oh, 'qué bien!° *what a laugh!* No debéis de conocerme. Si el Rey no viene a prenderme,° *to arrest me* no hay en todo el mundo quién.
REY	¡Pues yo soy el Rey, villano!° *low-life!*
PELAYO	¡Santo Domingo de Silos![116]
DON TELLO	Pues, señor, ¿tales estilos° *procedures* tiene el poder Castellano? ¿Vos mismo? ¡Vos en persona! Que me perdonéis os ruego.
REY	Quitadle las armas luego. ¡Villano, por mi Corona, que os he de hacer respetar las cartas del Rey![117]
FELICIANA	Señor, que cese tanto rigor os ruego.
REY	No hay que rogar. Venga luego la mujer deste pobre labrador.

Line numbers in margin: 2275, 2280, 2285, 2290, 2295

---

115 **quien en...** *who comes in his name*

116 Domingo Manso (1000-1073 A.D.) was a peasant who worked as a shepherd before becoming a Benedictine monk. He was banished from the monastery of San Millán de Cogolla by the King of Navarra who wanted the land. Fernando I, King of Castilla and León, invited this respected monk to become the abbot of the monastery of Silos.

117 **os he...** *I will make you respect the King's letters (authority)!*

DON TELLO   No fue su mujer, señor.
REY   Basta que lo quiso ser.
                  ¿Y no está su padre aquí,
2300   que ante mí se ha querellado?°   complained
DON TELLO   Mi justa muerte ha llegado.
             A Dios y al Rey ofendí.

             Sale Elvira, ʼsueltos los cabellos.[118]

ELVIRA   Luego que tu nombre
             oyeron mis quejas,
2305   Castellano Alfonso,
             que a España gobiernas,
             salí de la cárcel
             donde estaba presa,
             a pedir justicia
2310   a tu Real clemencia.
             Hija soy de Nuño
             de Aibar, cuyas prendas
             son bien conocidas
             por toda esta tierra.
2315   Amor me tenía
             Sancho de Roelas;
             súpolo mi padre,
             casarnos intenta.
             Sancho, que servía
2320   a Tello de Neira,
             para hacer la boda
             le pidió licencia.
             Vino con su hermana,
             los padrinos eran;
2325   vióme y codicióme,°   he coveted me
             la traición concierta.°   arranged
             Difiere° la boda,   postponed

---

118 **sueltos los...** *her hair a mess*

y vino a mi puerta
con hombres armados
2330   y máscaras negras.
Llevóme a su casa,
donde con promesas
derribar pretende
mi casta firmeza.[119]
2335   Y desde su casa
a un bosque me lleva,
cerca de una quinta,°   country cottage
un cuarto de legua.[120]
Allí, donde sólo
2340   la arboleda espesa,
que al Sol no dejaba
que testigo fuera,
escuchar podía
mis tristes endechas.°   laments
2345   Digan mis cabellos,
pues saben las yerbas[121]
que dejé en sus hojas
infinitas hebras,°   locks of hair
qué defensas hice
2350   contra sus ofensas;
y mis ojos digan
qué lágrimas tiernas,
que a un duro peñasco°   large rock
ablandar pudieran.
2355   Viviré llorando,
pues no es bien que tenga
contento ni gusto
quien sin honra queda.
Sólo soy dichosa
2360   en que pedir pueda

---

119   **derribar pretende...** *he tried to break my pure resolve*
120   **un cuarto...** *a quarter of a league*
121   **yerbas** *sprouting plants and flowers*

al mejor Alcalde
que gobierna y Reina,
justicia y piedad
de maldad tan fiera.
2365   Ésta pido, Alfonso,
a tus pies, que besan
mis humildes labios,
ansí libres vean
descendientes tuyos
2370   las partes sujetas
de los fieros Moros
con felice guerra;
que si no te alaba
mi turbada° lengua,   upset
2375   famas hay y historias
que la harán eterna.

REY   Pésame de llegar tarde;
llegar a tiempo quisiera,
que pudiera remediar
2380   de Sancho y Nuño las quejas;
pero puedo hacer justicia
cortándole la cabeça
a Tello. Venga el verdugo.

FELICIANA   Señor, tu Real clemencia
2385   tenga piedad de mi hermano.

REY   Cuando esta causa° no hubiera,   legal case
el desprecio de mi carta,
mi firma, mi propia letra,
¿no era bastante delito?°   crime
2390   Hoy veré yo tu soberbia,°   arrogance
don Tello, puesta a mis pies.

DON TELLO   Cuando hubiera mayor pena,
invictísimo señor,
que la muerte que me espera,
2395   confieso que la merezco.

D. ENRIQUE   Si puedo en vuestra presencia...

CONDE	Señor, muévaos a piedad
	que os crié en aquesta tierra.
FELICIANA	Señor, el Conde don Pedro
2400	de vos por merced merezca
	la vida de Tello.
REY	El Conde
	merece que yo le tenga
	por padre, pero también
	es justo que el Conde advierta
2405	que ha de estar a mi justicia
	obligado, de manera
	que no me ha de replicar.
CONDE	Pues la piedad, ¿es bajeza?
REY	Cuando pierde de su punto
2410	la justicia, no se acierta
	en admitir la piedad.
	Divinas y humanas letras
	dan ejemplos; es traidor
	todo hombre que no respeta
2415	a su Rey, y que habla mal
	de su persona en ausencia.
	Da, Tello, a Elvira la mano,
	para que pagues la ofensa
	con ser su esposo, y después
2420	que te corten la cabeça,
	podrá casarse con Sancho,
	con la mitad de tu hacienda°
	en dote.° Y vos, Feliciana,
	seréis dama° de la Reina,
2425	en tanto que os doy marido
	conforme a vuestra nobleza.
NUÑO	Temblando estoy.
PELAYO	¡Bravo Rey!
SANCHO	Y aquí acaba la Comedia
	del mejor Alcalde, Historia
2430	que afirma por verdadera

estate

dowry

lady-in-waiting

la Corónica de España:
la cuarta parte la cuenta.[122]

FIN DE LA FAMOSA COMEDIA
EL MEJOR ALCALDE, EL REY

122　The *Crónica de España* (also known as the *Primera Crónica General*), compiled under the royal patronage of Alfonso X, El Sabio (1221-1284), recounts a detailed history of Spain in Castilian. See introduction.

Spanish-English Glossary

This glossary contains the words translated into English in the margins and footnotes. It also includes other Spanish vocabulary that might be challenging to non-native Spanish speakers. Be mindful that some words change in meaning depending on the context in which they are used. Verbs are listed in their infinitive form.

A

abad abbot
ablandar to soften
abrasar to burn
acabar to end
acción main plot
acero steel (sword)
acertar to guess correctly
achaque modesty, pretext
aclamar to acclaim
acomodar to arrange
acompañamiento retinue
acordarse to remember
acudir to attend
aderezar to prepare
advertencia warning
advertir to advise, to bear in mind
afecto emotion
afeite make-up
afición affection, fondness

afligir to upset
aforismo aphorism
afrenta insulting, offensive
afrentar to offend
agradar to please
agravio injury, offense, insult
aguardar to wait, to expect
airado, -a angry, furious
ala wing
alabanza praise
alargar to extend
alba dawn
alborotar to panic
albricias good news
alcalde judge
aldea village
alguacil constable
alivio relief
aljófar seed pearl
alma soul

almena battlement
alterar to disturb, to irritate
alto, -a important, lofty
alzar to raise
amenazar to threaten
amistad peace agreement
anca haunch
añadir to add
apearse to dismount
apelar to appeal
apercibir to prepare
aplacar to pacify
aposento room
apostar to bet
aprobar to approve
arbitrio judgment
arboleda wooded area
arena sand
argumento story line, plot,
    argument
arrepentimiento remorse,
    repentance
arrimar to lean, to rest
arroyo stream
asar to roast
asombrarse to be scared
áspera harsh
asunto story line
atesorar to possess
atormentar to torment
atreverse a to dare to
atrevido, -a bold, daring
atrevimiento daring
ave bird
azagaya small lance or spear
azotar to whip

azucena lilly

B
bajeza lowliness, vulgarity
bajo, -a low class, common
barbecho plowed field
bellaco, -a villainous, wicked
bosque forest
bostezar to yawn
brío resolution, determination
brocade brocade
bruja witch
bufete desk
bufón jester
bulto shape
burlar to deceive, to mislead

C
cabe blow
cabelleriza stable
cabello hair
caduco, -a decrepit
calidad rank
callar to remain quiet, to shut
    up
calzas pants
cámara chamber
campaña open field, level
    country
campo countryside
canonizar to celebrate, to
    approve
cañas reeds
carlanca studded dog collar
carnero sheep
carroza coach

caso dilemma

castaño chestnut tree, brown

castidad chastity

casto natural, pure

causa legal case

cauto, -a cautious, wary

caza hunt

cazador hunter

célebre famous

celo zeal

celos jealousy

cerrar to seal

cerro hill

cesar to stop

cielo heaven, sky

cifrar to encode, to summarize

clérigo cleric

cochero coachman

cochino pig

codiciar to covet

cohecho bribe

cólera anger, rage

concejo municipality, town council

concepto literary conceit

concertar to arrange

conde count

conejo rabbit

consuelo solace

convidar to invite

cordero, -a lamb

corona crown

coronado, -a crowned, covered

corredor hallway, corridor

corriente trend

cortijo country house

criado servant

criarse to grow up

crines mane

cuchilla blade

cuerdo, -a sensible

cuidado anxiety, worry, loving concern

culpa fault

cuna crib

D

dádiva gift

dadivoso, -a generous

decoro decorum

deleitar to delight

delito crime

derramar to spill

derribar to knock down

desatino foolishness, folly

descolorido, -a pale

descubierto, -a revealing

descuidado, -a careless

desdecir to contradict

desdén scorn, disdain

desdeñoso, -a disdainful

desdicha misfortune

desdichado, -a unfortunate

desechar to cast aside

despachar to dispatch

desposar to marry

desprecio contempt

desterrar to banish, to exile

desvarío delirium

desvelo sleeplessness, insomnia

desviarse to distract from, to move away

detener to stop, to hold back
deudo relative
dichoso, -a fortunate, lucky
diferir to postpone
dilatar to delay, to postpone
disculpar to forgive
disfraz disguise
disimular to hide, to dissemble
disuadir to discourage, to
   dissuade
doblón gold coin
dolerse to take pity
doncella maiden
dote dowry
duro, -a stubborn

E
efecto purpose, reason
encarecer to beseech
encina evergreen oak tree
endecha dirge
enfadarse to become angry, to
   get upset
engañar to deceive
engaño deception, deceit
ensanchar to swell
enternecer to move to
   compassion
entremés interlude
epopeya epic poem
equívoco, -a deceptive,
   equivocal
ermita hermitage
esconder to hide
escribano notary
escudero squire

esforzar to give courage, to
   strengthen
espada sword
espantarse to be astonished, to
   be surprised
esperanza hope
espuela spur
estilo procedure
expirar to expire, to die
extraño singular

F
fábula tale, plot
falta error
fiar to trust
fiera wild beast
fiero ferocious
fingimiento fiction
fingir to pretend
firmeza conviction
forastero stranger
fortuna fortune, luck
forzar to force, to rape
freno bit, bridle
fuente fountain
fuerza necessity, force, strength

G
gaitero piper, flutist
galardón award, prize
gallardo, -a charming
gallina hen
ganado cattle, herd
gozar to enjoy
gracia grace
gracioso, -a funny, amusing

grave serious
grosero, -a common, coarse
gusto pleasure, will

H
hacienda farm, estate
hallar to find
hebra lock of hair
heredar to inherit
herrero blacksmith
hidalgo nobleman of low rank
hidalgo, -a noble
historia factual narration
holgarse to be delighted
homicida murderer
honra honor, reputation
honrar to honor
huerta orchard
huésped guest
humillarse to bow

I
importunar to plead
impreso, -a printed
infame dishonorable
infamia dishonor
infazón nobleman
ingenio intellectual, cleverness
ingrato, -a ungrateful
inquietarse to become anxious
insigne illustrious
intento intention
invicto, -a invincible

J
jabalí wild boar

juicio sanity, judgment
junta meeting
juntarse to join
justo just, correct, right

L
labrador, -a peasant
lacayo lackey
lebrel hound
legua league (approximately 3 miles)
liberal generous
libranza bill of exchange
librar to free
licencia permission, consent
liebre hare
lienzo curtain, painted canvas
linterna torch
liviandad frivolity, wantonness
llamar to knock
llaneza plainness, simplicity
llano, -a easy-going, straightforward, evident
lucir to shine

M
maldiciente slanderer
mancebo young man
manchar to stain
maña habit, way
mascarilla mask
máxima maxim
medido, -a measured
mejilla cheek
memorial petition
menester to need, necessary

mentecato idiot, simpleton
merced favor, grace
merecer to deserve
mesón inn
milagro miracle
mohoso, -a rusty
mollera head
morganero organ maker
mozo young lad
mudanza change, turn of events
mudarse to change
mudo, -a deaf, silent

N
nabo turnip
nave ship
necio, -a fool, idiot, nitwit, foolish
negar to deny
negocios matters
novedad novelty, unexpected news
nueva news

O
ocasión opportunity
oficio profession
olla cooking pot
olmo elm tree
olvidarse to forget
orilla river bank
osadía audacity, boldness
osar to dare
oso bear
oveja sheep

P
padrino sponsor
paje page
paño stage curtain
paños handkerchiefs
parar to end, to stop
parecer opinion
partir to leave
paso slow down
pastor shepherd
paves long shield
pavo turkey
pecador, -a sinner
pecar to sin
pecho heart
pedazo piece
pelar to skin
penar to agonize
peñasco large rock
peregrino, -a rare, wonderful
perlas pearls
pesadumbre grief, irritation
pesar to trouble
pescuezo neck
pesquisidor judge
picar to arouse
pienso animal feed
plática speech, conversation
plebeya common
pleito argument, lawsuit
pliego sheet of paper
pluma feather
poderoso, -a powerful
porfía obstinancy, insistence
porfiar to insist
porquerizo swineherd

portero doorman
posada lodging, inn
posta caballo
postrero, -a last
prado meadow
precepto rule
premios awards
prenda jewel, treasure
prendado, -a captured,
    imprisoned
prender to arrest
preso, -a prisoner
presto quickly, soon
pretender to attempt
prevenir to prepare
principio beginning
probar to prove, to test
procurar to try, to attempt
propicio, -a favorable
proseguir to continue
puerco pig
puño hilt

Q
quebrar to break
quedar to remain
quedo, -a quiet, still
queja complaint, lover's
    complaint
querella complaint
querellarse to complain
quinta cottage

R
rama branch
rayo lightning

razón reason
real royal
rebaño flock
recato prudence
recto, -a direct
regocijar to delight, to celebrate
reja grilled window
relación factual narration
remediar to solve, to remedy
remedio solution, success
rendir to overcome, to defeat
repartir to distribute
replicar to challenge, to argue
reprehender to criticize, to
    reprimand
requebrar to flirt
resplandecer to shine
resquiebro flattery
reves backhand slash
rey king
ribera river bank
rigor   insistence, harshness
roble oak tree
rocín nag
rogar to beg
rudeza coarseness, rudeness
ruego beg, plead

S
sabueso bloodhound
sacristán Sexton
sangrar to bloodlet
sayal sackcloth
sayo jacket
sentencia maxim
sentir to feel, to hear

señor feudal lord
señorío dominion
serrana mountain girl
seso mind
soberbia arrogance, pride
socorrer to help, to aid
soliloquio soliloquy, monologue
sombra shadow
sonoro, -a clear, sonorous
sosiega calmly
suceder to happen, to transpire
suceso event, intrigue, outcome, occurrence, incident
suficiencia needs
sujeción subjection
suspirar to sigh
sustentar to sustain, to support
sustento sustenance

T

tajo forehand slash
talega bag
talle physique, appearance
tañer to play
tañir to stain
tapar to cover
tapiz tapestry
tasajo dried meat
tascar to chew
techo roof
tejo yew (type of tree)
temblar to tremble
temor fear
tenerse to stop
término end
tierno, -a tender

tinta ink
tocado head dress
torcer to twist, to manipulate
torpe obscene
torre tower
torrezno bacon
traje attire
tratar to arrange
trato mission
trazar to design, to plan
trebejos chess pieces
trocar to exchange, to change
trueno thunder
tuerto blind
turbado, -a confused
turbarse to become confused

U

ufano, -a proud, content
umbral threshold

V

vaca cow
vaina scabbard
vara staff, scepter
vasallo, -a vassal
vedar to forbid, to prohibit
venablo spear
venda blindfold
venganza revenge
ventura luck, happiness, good fortune
verdugo executioner
verosímil credible
verraco pig
vicios vices

vid vine
vil vile, despicable
villano, -a peasant, villager,
    scum
villano, -a rustic, low-class
vísperas eve
voluntad will, desire
votar to swear (an expletive)
vulgo mass audience

Y
yedra ivy
yerba sprouting plant
yerrar to err, to make a mistake

Z
zagal, -a young shepherd,
    shepherdess